腰痛を治しながらお腹がやせる！

1日5分 姿勢なおしダイエット

理学療法士
著 矢口拓宇 Yaguchi Takuu
絵 たかしまてつを Takashima Tetsuo

角川春樹事務所

目次

第5章　2ndステージ〈3～4週目〉
下腹の筋肉をつけて腰痛を解消しお腹をへこませよう！――063

第6章　3rdステージ〈5～6週目〉
立ってするお腹のトレーニングで姿勢を変えて腰痛とお腹太りにおさらばを！――085

はじめに
～1日5分の体操で3食たべて健康的に10kgやせました～

●悩みの多くは食生活？

「仕事帰りにコンビニで甘いものを買うのがやめられないんですよね」

「甘いものをもらうことが多いんですが、食べないと悪いじゃないですか。それが問題です」

「朝食を食べないので昼にドカ食いしてしまうんです」


ダイエットのお悩みを伺っていると、右記のようなお話をよく聞きます。ダイエットができないのは食生活に問題があるから、と考えている人が多いようです。本書をお読みのあなたも、そうお思いかもしれません。確かに食事は大事ですが、**食事以外で体重を減らす方法にも目を向けてみませんか？**

●食事以外のダイエット方法は？

思い浮かぶのは運動でしょう。「ジョギングをする」「筋トレをする」「ジムに通う」といったことは効果が期待できます。しかしいざやり始めてもなかなか続かないというお悩みもよく聞きます。特に仕事や家庭のことで忙しい働き盛り世代はまとまった時間が取れないため運動ができないという場合も多いでしょう。日々の疲れも重なり運動する気力もわかないというのが現実ではないでしょうか？

●どうしたら効率よくやせられるの？

そんなストレス社会を生きる方向けの画期的なダイエット方法として考案したのが本書のテーマである〝姿勢なおしダイエット〟です。この方法は、**キツイ食事制限なく1日5分の運動で苦しいストレスがなく続けられ**、2～3ヵ月で安定的に3～10kgの体重を落とすことが可能です。また体重を減らすだけでなく、**〝お腹やせ〟に特化した方法**でもあります。下腹、横腹、背中の脂肪が燃焼されウエストがシュッと引き締まりポッコリお腹がスッキリ見えるようになります。**本書を読み、そして実践すれば理想の体重と体型をキープできることでしょう！**

●腰痛体操でお腹がスリムに！

私は理学療法士として2005年から医療・介護の現場で患者さんのリハビリに携わってきました。現場での臨床活動では延べ3万人以上の施術経験があります。働きながら大学院に通い、学術研究と現場実践から人の身体を探究してきました。理学療法士として現場をかけ回るなか、私を悩ませていたものがありました。それが腰痛でした。立てない方をベッドから車椅子に乗り移らせる際に抱え上げて介助するといった動きがあり、腰に負担がかかることが多かったためでした。朝、起き上がることすら辛く、仕事に行くことが苦しかった時期もありました。そこで私はあらゆる腰痛体操を試みました。時間をかけて検証することによって、効果的な腰痛体操が完成したのです。次に腰痛改善の体操を自分なりに体系化しました。これにより自分の腰痛はもちろん多くの患者さんの腰痛を良くすることに成功しました。**この腰痛体操をお教えした患者さんが、〝お腹がやせた〟と喜ばれていたのです。**その反応からも、腰痛だけでなくダイエットにも効果がありそうだと感じていました。

●自分自身に試してみたところ、意外にも大きな効果を発見!

実は私自身、太りやすい体質でぽっちゃり体型でした。あまり気にしていなかったのですが、コロナ禍による緊急事態宣言、外出自粛の影響でさらに太ってしまいました。このままではまずいと思った私は、一念発起し2020年5月5日からダイエットを始めることを決意しました。とはいえ、自分に甘い私にはキツイことは続かないだろうなと思っていました。そんなとき、ふと右記の患者さんの言葉を思い出した私は腰痛改善の体操とちょっとした食習慣の工夫をするということに取り組んでみたのです。

すると**1ヵ月でマイナス3・5kg、2ヵ月でマイナス7・3kg、3ヵ月でマイナス9・1kgと安定的に減っていき、4ヵ月目にマイナス10・7kgと**いう成果につながりました。ウエストは13cm減り、これまではいていたズボンはブカブカになりました。**さらにその後もリバウンドが一切なくキープできている**のです!

●この方法を多くの人に伝えたい！

思った以上の効果が期待できると分かった私は、このメソッドを再び体系化し人に教えることを始めました。**これなら私のような「自分に甘い」、「意志が弱い」、「時間がない」という人でもできる方法ではないかと思ったからです。**実際に私のダイエット講座を受講した方、継続してサポートしている方からは1ヵ月でマイナス2kg、2ヵ月でマイナス3kg、3ヵ月でマイナス5kg、4ヵ月でマイナス7kg……と、**続々と喜びの成果報告を頂く**ことができました。

体に負担をかけるものではないため、「今まで色んなダイエットに取り組んできたけれど結局リバウンドしてしまう」という人でも理想体重になり体重と体型をキープできます。これは**健康的に無理なくお腹やせを実現できる方法**です。本書をお読みのあなたも今日から実践できます。毎日続けて**一生モノのスリムお腹と健康を手に入れましょう！**

●お腹やせを成功させるための25のレッスン

本書は第1章から第8章までの25のレッスンからできています。一つ一つのレッスンがお腹やせダイエット成功のための大切な内容です。

パズルのピースが一つでも欠けると絵が完成しないように、読み飛ばすことなく全てのレッスンを読んで、チャレンジすることが、ダイエット成功への道です。

第1章から第3章では、お腹をスリムにするために必要な知識をお教えします。何に取り組み、なぜ効果的なのかを理解することで、これから取り組むダイエットに確信が持てるはずです。

第4章から第7章が実際の運動方法の紹介です。

そして第8章が、毎日実践し続けていくための習慣作りへの考え方です。

これらは、理解→実践→習慣化、というステップで、あなたの中に落とし込んで頂ける構成になっています。

さあ、今日から一日5分姿勢なおしダイエットをスタートしましょう!

第1章

姿勢を変えて
ダイエットに成功し
もう一生リバウンド
しない体をつくろう

LESSON 1

レッスン①

キツイ運動習慣なし！忙しくて運動できない人でも1日5分骨盤を動かすだけでできる～姿勢なおしダイエットとは？～

お悩みの声

「運動不足なんですよね。忙しくて運動する時間がとれないんですよ」

「1日30分から1時間ぐらい運動しないとやせないですよね？」

ご安心ください。お腹やせのために、それほど多くの時間を費やす運動は必要ありません。毎日朝から夜まで仕事をして、家事をこなし週末も自分の時間を持つ余裕さえない。そんななか運動をする時間をとることはもはや至難の業です。私自身も運動不足だからやせないのではないかと思っていました。しかし、1日5分の骨盤トレーニングでやせることができた今では、運動習慣はやせるための絶対条件ではないと思っています。

なぜなら、正しい姿勢になるだけでやせることが分かったからです。ここから考えたのが、この〝姿勢なおしダイエット〟です。

この姿勢なおしダイエットは、**1日5分の体操と日頃の姿勢を意識すること、ちょっとした食べ方の工夫**で安定して続けられ、体にもメンタルにも負荷をかけることなくできる方法として考案しました。本書は私が実際に何をして10kg減に至ったのかをシェアするというかたちで進めていきます。

まずはこの姿勢なおしトレーニングの全体像についてお伝えします。このトレーニングに取り組むうえであなたがすることは左記の3つになります。

●姿勢なおしトレーニングの全体像3ステップ

〈理解〉 1．体の仕組みを理解し、トレーニング方法を把握する
〈実践〉 2．トレーニングを実践する
〈自動化〉 3．座る、立つ、歩くときの姿勢を意識して、日々の生活習慣に取り入れる

① 体の仕組みを理解し、トレーニング方法を把握する

まずは体の仕組みを理解していきましょう。理論として理解できれば、あなたも確信をもって取り組むことができます。この姿勢なおしダイエットのコンセプトは、**1日5分の体操で「姿勢を変える」**ことに

よって「やせる」というものです。極端な方法で一気にやせるというものではなく、続けられることを重視しています。ただし間違ったやり方で続けてしまうと効果が出ません。体の仕組みを理解して正確に取り組むことできっと成果につながるでしょう。

②トレーニングを実践する

体の仕組みが分かったら、第4章以降の具体的なトレーニング方法の実践になります。〝姿勢なおしダイエット〟の元は理学療法です。理学療法では「姿勢」をとても大切にしています。それは良い姿勢で運動を行うことで筋肉の働きを最大限に高めることができるからです。

リハビリ現場では多くの歩けない方が歩けるようになっていきます。それは少ない筋肉でも**姿勢を良くしてトレーニングを行うことで、最大の効果を発揮できる**ようにしているからです。本書においては解説をよく読んで、正確に行うことが大切です。

③座る、立つ、歩くときの姿勢を意識して、日々の生活習慣に取り入れる

姿勢なおしをすることで筋肉がつきやすくなり基礎代謝が上がります。太りにくい体質になるためリバウンドなく体型がキープできます。姿勢を変えるというのは時間がかかります。日々、意識していくことにより、姿勢が変化していきます。

人間の体は「恒常性」（ホメオスタシス）といって、良くも悪くも一定を保とうという働きがあります。一気に体を変えようとすると、この元に戻ろうとする働きも強くなるため、リバウンドしてしまいます。本書のメソッドは変化をわずかにすることで徐々に体を変えていく方法のため、**一度変われば元に戻りにくい方法なのです。**

LESSON 2

レッスン②

キツイがまんなし！厳しいダイエットをあきらめた人でも楽に続けられるからリバウンドなくできる

～お腹やせ骨盤トレーニング～

お悩みの声

「40代になったらお腹が出てきちゃったんですよね」
「だらしないお腹をなんとかしたいです。どうしたらお腹がやせますか？」

大丈夫です。お腹太りは解消できます！ 私自身、太りやすい体質でこれまでに何度も太ったりやせたりを繰り返してきました。そのため太ってもやせられるという考えがありましたが、30代後半になりやせにくさを実感していました。同じように30代、40代、50代になるとお腹が出てしまうというお悩みをよく聞くようになり、これは多くの人にとって共通の悩みだと分かりました。

なぜお腹が出やすくなってしまうのでしょうか？

それは、**姿勢が悪くなるからです。**なかなか自覚できないことなのですが年齢とともに筋肉量が少しずつ減ることが主な原因です。猫背になり腰が反って骨盤が前に倒れている姿勢になることで、お腹が前に出てしまいます。腹筋に力が入りにくくなるためお腹のお肉がたるんで見えます。

お腹がスリムになる良い姿勢とは？

良い姿勢とは、立ち姿を横から見ると頭が前に出ることなく、背筋は伸びていますがのけぞることはない立ち方です。腹筋と背筋がバランス良く働いている状態になります。膝や股関節がしっかりと伸びていて、腰が引けているとかお腹が前に出すぎているということがない状態です。歩くと力強く安定感があり、きれいに見えてしなやかな立ち居振る舞いになります。

良い姿勢にしようとして間違っていませんか？

良い姿勢というと、モデルやバレエダンサーのようなスタイルを想像されることでしょう。しかしそれは特殊な訓練をしているからこそできることです。**訓練をしていない人が背すじを伸ばそうとすると「腰が反る」だけになってしまいます。**腰が反るだけになってしまうと、背中の筋肉の緊張が高まり、腰痛の原因にもなってしまいます。またお腹が前に出て腹筋が働きにくいお腹太り姿勢にもなってしまうのです。

本書では分かりやすくするために良い姿勢とは太りにくい「スリム姿勢」であり、悪い姿勢は太りやすい「デブ姿勢」である、というように表現していきます。

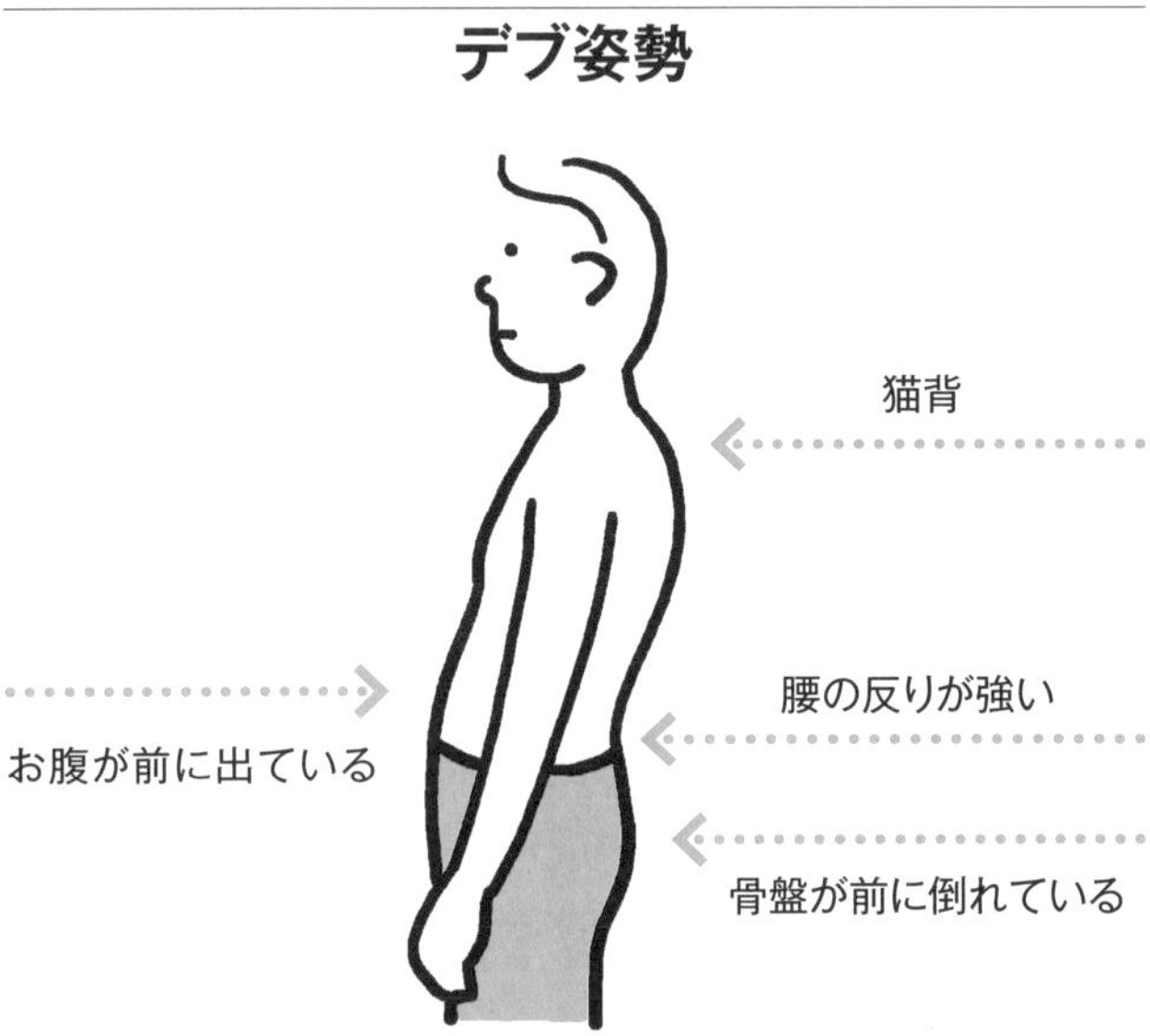

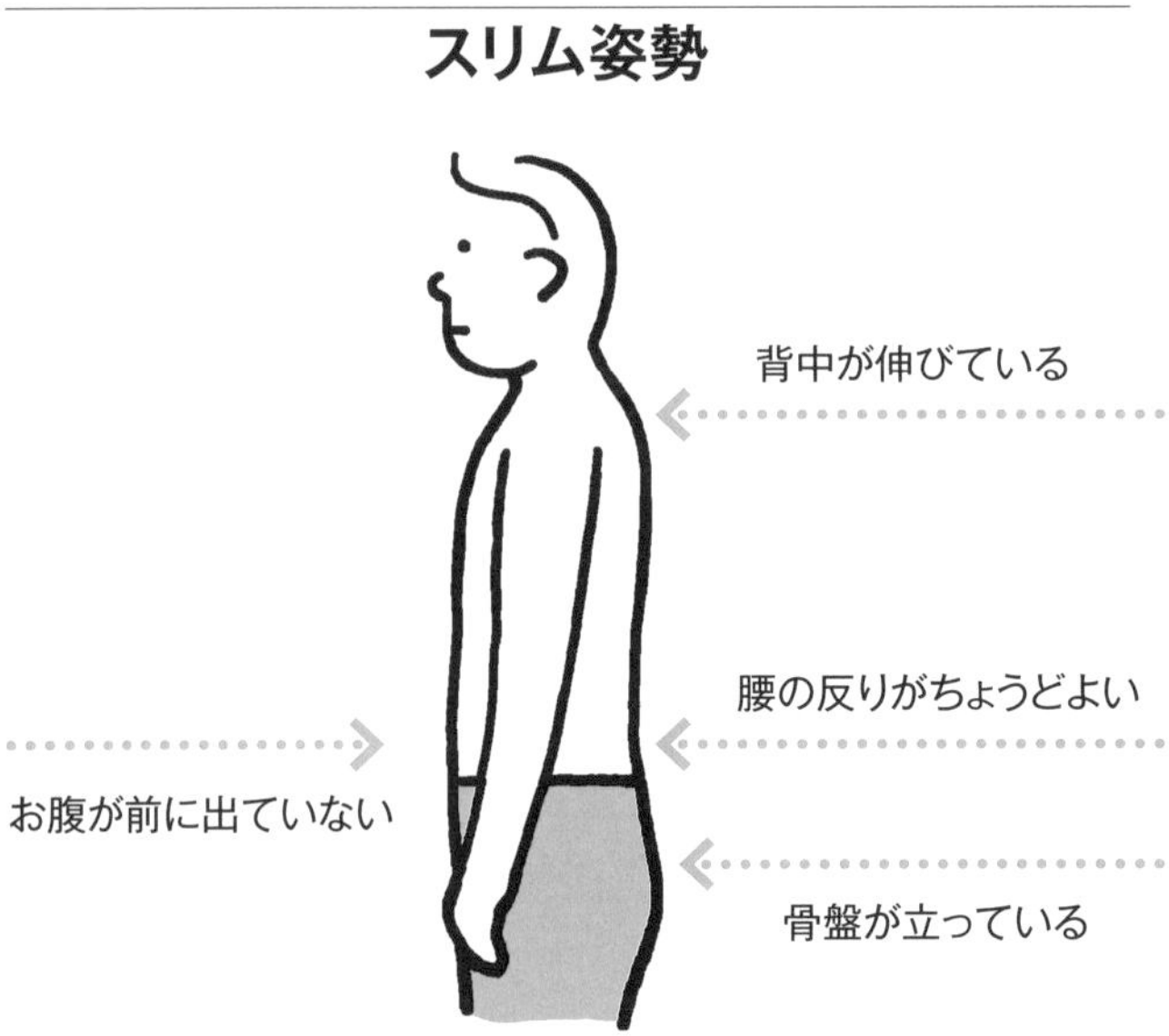

●スリム姿勢の作り方

スリム姿勢になるには特別なやり方が必要だと思いますか？　いえ、決してそんなことはありません。簡単に実践できるやり方があるのです。第7章で詳しく解説しますが、以下のように行うとまずは理解してください。

1. 骨盤を立てる（恥骨《ちこつ》を上げて下腹に力が入る）
2. 膝を伸ばす（足の親指が床を軽く踏みしめるように）
3. お尻の穴を締める
4. 胸を起こす（のけぞらないように）
5. 顎と頭を引く

いかがでしょうか？　頭で想像するだけだと難しいので体を動かしながらやってみて下さい。最初はこの姿勢が苦しいと感じるかもしれませんが、大丈夫です。第4章以降のトレーニングをしっかり行うことで、このスリム姿勢が楽にできるようになっていきます。

●スリム姿勢になるとやせる3つの理由

なぜ、スリム姿勢になるとお腹やせするのでしょうか？　それは、以下の3つの理由からです。

1. 日常のカロリー消費が高まり、全身の脂肪の燃焼が促進される
2. 腹筋が働きやすい状態になり、お腹に筋肉がつく
3. 腸が働きやすくなり、内臓脂肪の燃焼が促進される

3つの理由を詳しく解説していきます。

①日常のカロリー消費が高まり、全身の脂肪の燃焼が促進される

スリム姿勢になると筋肉が働いて脂肪を燃焼してくれます。

だらけた立ち方と姿勢を意識した立ち方ではカロリー消費が4％ほど違うと言われています[①]。たった4％とお思いになるかもしれませんが、1日1500kcal消費するとしたら60kcal、1ヵ月だと1800kcal、年間だと21900kcalとなります。**これはおよそ2週間断食したのと同じ値に**なります。消費税が2〜3％増えても負担が大きいと感じるのと同じように**4％は決して無視できません。**

日々の積み重ねですから、続けていくと大きな変化となって現れます。

②腹筋が働きやすい状態になり、お腹の筋肉がつく

スリム姿勢になることで腹筋が活動しやすくなります。たるんで前に出たお腹から、腹筋がお腹をしっかり支える姿勢になり、引き締まったお腹になるのです。

お腹の中にコルセットを持つようなイメージですね。その役割で特に大切なのがお腹の奥にあるインナーマッスルの腹横筋《ふくおうきん》という筋肉です。**腹横筋を鍛えるためには呼吸法が効果的です。**骨盤を立てたスリム姿勢になれば、腹横筋をしっかりと働かせる呼吸ができるようになります。体操と呼吸法で、効果的にお腹やせを実現していきましょう！　呼吸法は第5章で詳しく解説しています。

③腸が働きやすくなり、内臓脂肪の燃焼が促進される

あなたの大切な内臓はお腹の中に詰まっています。ですから悪い姿勢を続け骨盤が前に倒れると、腹壁《ふくへき》というお腹の壁に腸が押し付けられてしまいます。腸は食べたものを消化するために蠕動運動《ぜんどううんどう》という伸び縮みを繰り返しています。目には見えませんが、お腹の中で腸は思った以上に運動しています。**骨盤を立てたスリム姿勢になることで腸は運動場が広がり運動しやすくなるのです。**腸がよく運動できるようになれば、それだけ内臓脂肪の燃焼につながるのです。

●本当に、1日5分の体操で効果があるのか？

はい、効果が期待できます！　それは、この体操をすることによってデブ姿勢からスリム姿勢に変わるからです。体操だけでも姿勢を変える効果がありますが、さらに日常での姿勢を意識すると効果が高まります。スリム姿勢になれば、見た目がきれいに見えるというだけでなく筋肉が働きやすい状態になります。筋肉が常にいい状態で働くことによって、基礎代謝が高まり自然にカロリー消費が増えてやせやすい体質に変化していきます。

ある50代女性のクライアントさんは平熱が35・0℃と低いことに悩んでいたのですが、このトレーニングを始めて3ヵ月後、36℃台半ばまで平熱が上がるという変化がありました。体重も3ヵ月でマイナス3・5kgの変化があり、**「今まで色んなダイエットをやっても続かなかったけど、こんなにゆるくてハッピーなダイエットはない！」**と喜ばれています。

レッスン③

キツイ食事制限なし！意志が弱くて食べてしまう人でも1日3食たべてお腹がやせる

〜食べやせ食事術〜

LESSON 3

お悩みの声

「はや食いなんですよね。食べすぎてると思います」

「ご飯を食べないようにしているのにお腹がやせません」

私はご飯をしっかり食べてお腹やせに成功しました！ 私は食べるのが大好きです。食べることは人生の楽しみです。そこで、キツイ食事制限をせずにやせる方法を研究しました。姿勢なおしのためのトレーニングに加え、〝食べ方〟のちょっとした工夫でやせることが分かりました。それがこの〝食べやせ食事術〟です！

食べやせ食事術のコンセプトは、**食事は筋トレである**という考えです。胃や小腸、大腸といった消化管は何でできているかご存知でしょうか？　実は筋肉なんです！

●消化管は筋肉でできている……食べることは筋トレだ！

消化管の筋肉は自分の意思ではコントロールできない「平滑筋」と呼ばれる筋肉です。心臓や血管なども同様で、自分で考えて止めることはできません。食べたものは消化するまで**胃に2～3時間（脂質の多いものは4～5時間）、小腸で5～8時間、大腸で15～20時間かかる**と言われています。その間、腸は蠕《ぜん》動運動《どううんどう》という伸び縮みをしながら食物を消化しています。

ではたくさん食べればたくさん運動させられるのかというと、少し違います。**必要以上に食べすぎてしまうと消化管は疲れてしまうのです。**疲れてしまい栄養の消化吸収ができなくなると、脳は栄養が不足していると感じます。そのため栄養不足を補おうとして**さらに食欲が増えてしまいます。**では、どんな食事をしたら消化管がちょうど良い状態をキープできるのでしょうか？　左記の5つの方法が重要です。

★食べやせ食事術

1. 1日3食たべる
2. 間食しない
3. ご飯中心で栄養バランスの良い食事をとる
4. よく嚙む
5. 摂取カロリーは消費カロリーより少なくする

① 1日3食たべる

食事を減らすというのは消化管の筋トレを減らすということになります。朝食を食べないという人も多いですが、**朝食は食べたほうがやせるというデータがあります。**その研究によると**朝食を食べる人は食べない人に比べて1日の基礎代謝が高くなる**といいます。[2] また、太っている人とやせている人の生活習慣を比較した研究[3]によると、**朝食を食べない人、遅い夕食をとる人、はや食いの人**が太っていたそうです。極端な減食をすることなく、1日3食たべて健康的にやせることは十分可能です。

② 間食しない

私はダイエットにあたり日常の食事内容は変えていません。変えたのは間食です。以前は小腹がすくとすぐに間食をしていたのですが、それはやめました。なぜなら、**「小腹がすいたなあ」と感じているとき**

こそ、体の中に溜《た》めてある脂肪を燃焼するプロセスが働いているときだからです。間食をしてしまうと、体が食物の栄養からエネルギーを得ようとします。つまり間食は、せっかく働いている脂肪燃焼プロセスを止めてしまうことになってしまうことに気づいたのです。なお、食後のデザートは間食ではないためOKとしました。

③ご飯中心で栄養バランスの良い食事をとる

私はご飯をしっかり食べてお腹やせダイエットに成功しました。炭水化物を不必要とするダイエットもありますが、炭水化物も必要な栄養素です。病院食を食べてやせた患者さんをたくさん見てきました。病院の食事はご飯を出さないでしょうか？　いいえ、むしろご飯はしっかり出ます。炭水化物、タンパク質、脂質のバランスを重視しているからです（PFCバランスと言います）。炭水化物を制限するダイエットでは、脂質とタンパク質が多くなりがちです。脂質とタンパク質は体に溜めておいてゆっくりエネルギーに変わりますが、炭水化物はすぐにエネルギーに変わるため溜まりにくいという特徴もあります。

④よく噛む

よく噛むことで、食物を消化しやすい形状にして胃腸に送り込むため、消化を助け胃腸の負担軽減につながります。また、レプチンというホルモンや、セロトニンという神経伝達物質が分泌され、栄養を消化吸収する働きが高まります。体は栄養が十分だと感じると必要以上の食欲をわかせることがありません。これらが満腹中枢に働くことで、**少しの量でもお腹いっぱいと感じます**。普通盛りを食べても大盛りを食べたような満足感があります。

では、どのぐらいよく噛んだらいいのでしょうか？　1口30回とよく言われますが、30回数えながら食べるのは機械的で食事がおいしくないと感じるかもしれません。口の中で味わいながら舌ざわりで**形がなくなるまで咀嚼《そしゃく》する**といいでしょう。回数で言うと食材にもよりますが結果的に30～100回程度になります。よく噛むと、思った以上にお腹いっぱいになり満足感があることに驚くでしょう！

⑤摂取カロリーは消費カロリーより少なくする

いかに工夫をしても食べすぎれば太ります。そのため、**摂取カロリーが消費カロリーを超えないようにコントロールしていくことが大切です**。計算が大変とお思いになるかもしれませんが、アプリで簡単に計算できる方法がありますので、第8章でご紹介します。

〈参考文献〉
（1）「姿勢とエネルギー消費」古川順光　理学療法24巻1号　P.108-114　2007年
（2）「朝食欠食、マクロニュートリエントバランスが若年健常者の食後血糖値、満腹感、エネルギー消費量、および自律神経活動に及ぼす影響」永井成美・他　糖尿病48巻11号　P.761-770　2005年
（3）「生活習慣とBMIの関連について－健診受診者6,826人の集計より－」久保田修・他　人間ドック25巻4号　P.626-632　2010年

COLUMN

Q 糖分や炭水化物は食べてはダメなのでしょうか?

A いいえ、食べてはダメということはありません。糖分や炭水化物を食べてもやせられます。

糖質制限の是非には意見が分かれるところです。しかし、文献を参照していくと、「短期的に減量効果は大きいものの、長期的には差がみられないことも多いので、極端な糖質制限は勧められない。」(『肥満症診療ガイドライン2016』宮崎滋　日本内科学会雑誌107:巻2号　P.262 - P.268　2018年)というのが、専門家の考え方のようです。

短期的に、一気にやせたい場合には糖質制限は効果があると思いますが、リバウンドせずに長いスパンで効果を持続させたい場合には、強い糖質制限は必要ありません。もちろん食べすぎれば太りますので、栄養バランスに気をつけて、適切に食べる工夫をしていきましょう。

第2章

体の仕組みを使った シンプルな方法だから 体に負荷なく 健康的に続けられる

レッスン④

お腹太りに悩んでいた人でも姿勢を変えるだけでお腹がやせる

～あなたのお腹が出てしまう本当の理由とは？～

LESSON 4

●腰痛体操に取り組んだらお腹が引き締まった！

私は腰痛に悩んでいた時期があります。リハビリ現場の仕事は患者さんを抱え上げる介助をしたりと身体に負担のかかるものです（腰痛に悩む理学療法士は意外と多いのです）。腰痛に悩んでいた私は、自分で克服しようと腰痛の勉強を熱心にしました。そして試行錯誤を繰り返し、本書のトレーニングの原型となった骨盤の体操をやり始めたところ、次第に腰痛がみるみる良くなっていきました。加えてこの体操を始めて気付いたことがありました。それは、お腹が引き締まり、今まで見えなかった自分のおへそが見えるようになったということです。

あなたは、立っているときに自分のお腹を見て、おへそが見えますか？　腰が反ってお腹が前に出ている体型だと、おへそが見えないのです。そんなあなたも、骨盤を立ててお腹を引き締める姿勢になれば、おへそを見られるようになることでしょう。ではなぜお腹やせに骨盤が大切なのかを解説します。

●まずはお腹まわりの骨格の構造を知ってイメージをつかもう

お腹は骨盤の上にのっています。骨盤の上に脊柱《せきちゅう》という一つ一つの椎骨《ついこつ》の積み重なった柱があります。骨盤は例えるなら〝おわん〟です。〝おわん〟の上に胃、小腸、大腸、腎臓、肝臓、女性ならば子宮など大事な臓器がのっていると思ってください。そのおわんが、前に傾いたらどうなるでしょうか？　おわんの上にのっているものも前に出てしまいますね。臓器が出た前に何があるかというと、お腹があります。つまり、おわん＝骨盤が前に倒れると、内臓が前に出てお腹が出る体型になってしまうということです。

では、前に倒れているおわんを立ててまっすぐ水平にするにはどうしたらいいでしょう？　そうです、後ろに倒すように傾けるのです。骨盤を後ろに傾ける動きをすることにより、骨盤を立たせまっすぐにすることができるのです。それによりお腹が出てしまっていた姿勢から、お腹がシュッと締まった姿勢になるのです。骨盤の傾きとはそれぐらい大事な要素なのですね。

骨盤の傾きと連動して動くのが腰椎《ようつい》（腰の骨）です。骨盤が前に倒れると腰が反ってポッコリお腹の原因になるばかりではなく、背筋が過剰に働きすぎるため腰痛になります。骨盤が前倒れした状態から骨盤を立たせて腰が反らないようにすることがとても大切です。腰が反っていない方でも、骨盤は前に倒れているという方もいます。骨盤の傾きをしっかり把握していきましょう。

骨盤のイメージ

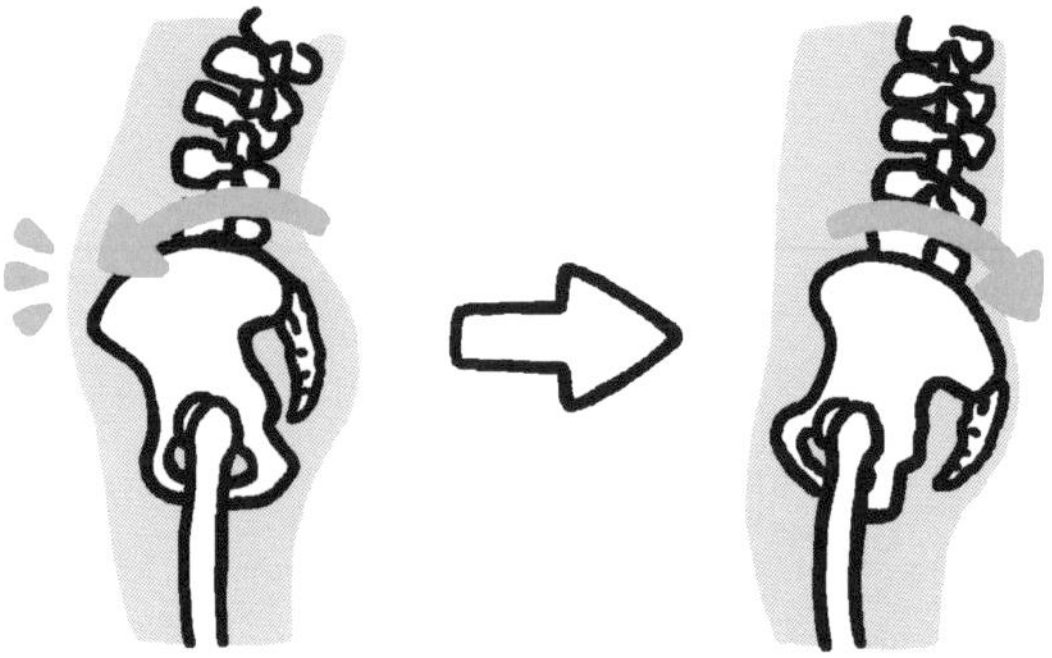

骨盤が前に倒れて
お腹ポッコリ

骨盤を立てると
スリムなお腹に!

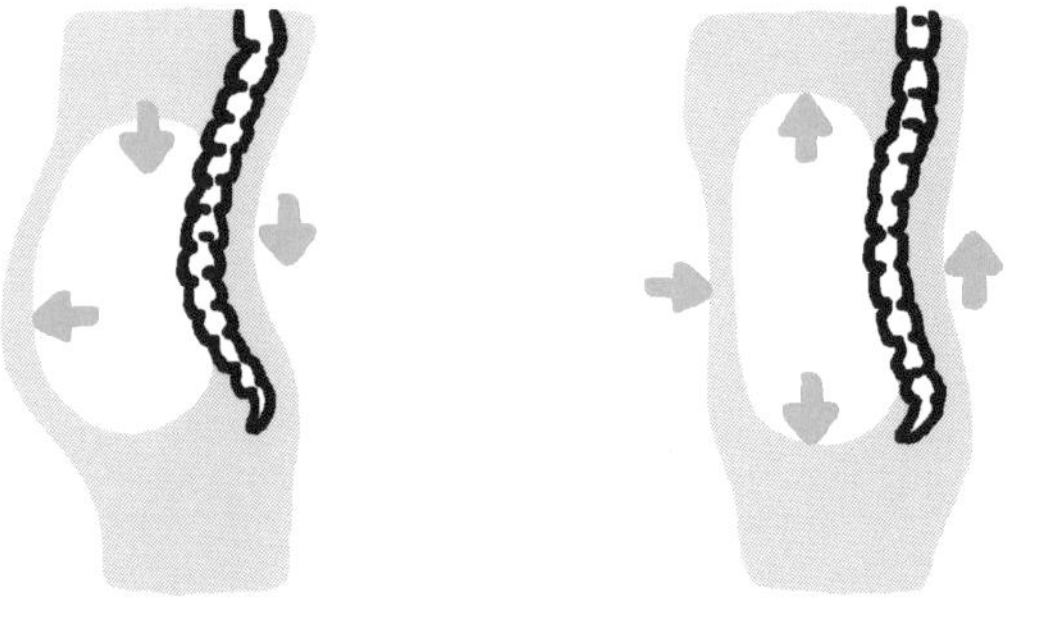

本来、良い姿勢ではお腹の筋肉が働いて自然にお腹が引っ込むのですが、腰が反った姿勢ではお腹が出てしまうのです[4]。

〈参考文献〉
（4）『多関節運動連鎖からみた変形性関節症の保存療法 ―刷新的理学療法―』 井原秀俊・他 全日本病院出版会 P.169 2008年

レッスン⑤ 本当の良い姿勢になるには？ 〜なぜ、コレは腰痛とお腹やせの両方に効くのか？〜

LESSON 5

●本当の良い姿勢とは？

私は長年、本当に良い姿勢というものが分かりませんでした。子供のころから姿勢が悪いと言われていましたので、背筋を伸ばしてピンとすることが良い姿勢だと考えていました。しかし、私が考えていた（理解していた）良い姿勢をしようと思うと、腰が反って、体がのけぞって、かえって変な姿勢になってしまっていたのです。また、腰が反ってしまうことで腰も痛くなっていました。しかし姿勢には正しいなおし方があります。あなたも、もし間違った姿勢のなおし方をしているのだとしたら、ぜひ正しい姿勢のなおし方を身に付けて下さい。

●どんな姿勢を目指す？

あなたは、どちらの姿勢になりたいでしょうか？

1．いかり肩、胸を張る、骨盤を前に倒し腰が反った姿勢
2．なで肩、胸を起こす、骨盤を立てて腰が伸びた姿勢

1は西洋人型の姿勢です。骨が太く筋肉も多い体型の西洋人の方であれば、自然と1のような姿勢になるでしょう。しかし、日本人がこの姿勢を目指そうとすると腰が反るばかりできれいに見えないどころか腰を痛めてしまうのです。日本人に合った良い姿勢とは、2のほうなのです。武術や武道の世界では腰を落として丹田《たんでん》（下腹）に力を入れるように指導されます。2の姿勢になり和服を着たときに体の中心に力を入れると、自然にきれいな立ち居振る舞いになることでも分かると思います。

本書の姿勢なおしトレーニングは、**西洋人型の姿勢ではなく日本人型の姿勢**を目指しています。それが実現できれば、自然と安定感がありしなやかな立ち居振る舞いになります。そしてお腹に力が入るため腰の負担が減っていきます。そうなることでお腹の脂肪が燃焼され、スッキリした体型になっていくのです。この方法であれば身体に負荷なく無理のない姿勢になりますので、多くの方に有効な方法です。

レッスン⑥

しつこい脂肪を燃焼しお腹やせして体型と姿勢も変わるシンプルなスゴワザ！

～骨盤呼吸～

LESSON 6

●呼吸だけでやせられる画期的な方法

毎日いつもかかさずしていてやめたことのない運動とは何でしょうか？　それは、呼吸です。呼吸を行うため呼吸筋、呼吸補助筋という筋肉が常に働いています。これらの筋肉を有効に使うことのできる呼吸法を身に付けることによって、やせることができるとしたら、どうでしょう？　私のダイエット法は、私のような自分に甘い人にでもできる方法を追求してきました。呼吸だけでやせるのなら、こんな楽なことはない、と思い実践してきたところ、大きな効果が感じられたのです。具体的なやり方は第5章レッスン⑭で詳しくお伝えします。ここでは、効果的な呼吸＝骨盤呼吸の効果をご紹介します。

インナーマッスルを鍛えながらお腹を引き締める効果があるのがこの骨盤呼吸なのです。それだけにとどまらず、全部で8種類の効果があります。
骨盤呼吸の効果を以下にまとめます。

●骨盤呼吸の効果

①お腹が引き締まる

腹筋のインナーマッスルとして腹横筋《ふくおうきん》があります。腹横筋は呼吸をするときに働く筋肉であり、呼吸でしか鍛えられません。腹横筋が強化されることにより、お腹の中にコルセットをつけたかのように、お腹が引き締まります。

②やせやすい体質になる

インナーマッスルが鍛えられ、筋肉がしっかりと働くことにより基礎代謝が上がっていきます。基礎代謝が高くなるとカロリー消費量が増えるため、太りにくくやせやすい体質になっていくのです。平熱が上がったという方もいます。

③ 腸の動きが良くなる

前述したように、腸は筋肉でできています。筋肉は適度に動かさないと凝ります。しかし骨盤呼吸は横隔膜がお腹を動かすため、腸のマッサージ効果があるのです。マッサージをし、腸の筋肉の凝りをとることによって、腸の働きを良くすることができる可能性があります。

④ 骨盤のゆがみが改善する

骨盤のゆがみはどこに生じやすいかというと、背中とお尻の境目にある「仙腸関節《せんちょうかんせつ》」というところです。「仙腸関節」とは、骨盤の中心にある仙骨と、その両側から仙骨を挟んでいる腸骨の間の関節です。呼吸により内側から骨盤に圧をかけることによって、ゆがんでいた仙骨が正しい位置に戻されます。骨盤は外側からの力が多く加えられるため、ゆがんでしまいがちです。内側から正しい位置に戻すために、呼吸法は大切です。

⑤ 姿勢が良くなる

お腹が引き締まることで骨盤がまっすぐ立ちやすくなります。骨盤が安定することで背すじを伸ばしやすくなり、良い姿勢が作られます。

⑥腰痛が軽減する

骨盤呼吸で鍛える腹横筋はお腹の中にコルセットのような存在を作る効果があります。これができるとお腹を引き締めることで脊柱が安定します。腰がぐらつきにくくなるため、腰痛になりにくくなります。

⑦体が軽くなる

体幹が安定することにより、体の動きがスムーズになります。体が軽くなったように感じます。

⑧自律神経が整う

浅い呼吸は交感神経、深い呼吸は副交感神経が働きやすくなります。骨盤呼吸は、5秒かけて吸って、5秒かけて吐くという呼吸リズムを推奨しています。これは、心拍リズムが整い、交感神経と副交感神経のバランスが良くなる呼吸法です。

良い効果がたくさんある骨盤呼吸を、ぜひ実践してみてください。

第3章

さあ、一歩を踏み出そう！あなたが確信を持って姿勢なおしダイエットに取り組むための3つのレッスン

LESSON 7

レッスン⑦　なぜ、多くの人がダイエットがうまくいかずリバウンドしてしまうのか？

〜ダイエットで成功する人、失敗する人の違いとは？〜

●ダイエットの成功率は？

あなたが、もしこれまでにダイエットに取り組んだけれどリバウンドしてしまった経験があるとしたら、もう二度とリバウンドはしたくないとお思いでしょう。では、ダイエットの成功率はどのぐらいだと思いますか？　ダイエットに取り組んで体重を減らしてキープしている人は約３〜４割（ＲＩＺＡＰ調べ：２０１９年）だというアンケート調査がありました。せっかくダイエットに取り組んで体重を落とすことができたとしても、半分以上の人がリバウンドして以前と変わらないかむしろ増えてしまったという結果だったそうです。

成功する人と失敗する人の明暗を分けるのは〝心構え〟にあります。新たにダイエットに取り組むにあたり持っていただきたい大切な心構えは、「だからできない」ではなく「だからこそできる」と考えることです。

★だからできない思考

・仕事が忙しいから、運動する時間がとれない。だからできない。
・自分に甘いから我慢できず食べすぎてしまう。だからできない。
・意志が弱いからやろうと思っても3日坊主になってしまう。だからできない。

右記のような**「だからできない思考」では、ダイエットが成功することはありません。それは、必要な行動が止まってしまうためです。**では、どんな思考法なら成功できるのでしょうか？　思考法を変えるというと難しいと感じるかもしれません。しかし、私は左記のような思考に切りかえたことでうまくいくようになりました。思考の方向性を少し変えるだけで、行動が大きく変わります。

★だからこそできる思考

・仕事が忙しいから、運動する時間がとれない。だからこそ、スキマ時間や〝ながら〟でできる運動をしよう！　➡ 1日5分の体操ならできる！

・自分に甘いから我慢できず食べすぎてしまう。だからこそ、我慢しないで自然に食べすぎない方法を考えよう！ ➡よく噛んで食べよう！

・意志が弱いからやろうと思っても3日坊主になってしまう。だからこそ、意志が弱くても一生続けられるやり方を見つけよう！ ➡呼吸だけでお腹を引き締められる骨盤呼吸をやろう！

・色んな方法に取り組んだけど効果がなくてやめてしまう。だからこそ、本当に効果があるかどうか検証しよう！ ➡自分に合った方法を見つけて一生モノの健康スキルを身に付けよう！

●でもそんな簡単に考え方は変わらない、とお思いですか？

大丈夫です。あなたも、自然にこの考え方ができるようになります。それは、たった一つの決断です。つまり、**「やると決める」**ことです。**やると決めれば、どうしたらできるか？ というように自然に脳が考え始めます。**決断とは、「決めて断つ」と書きます。何を断つのかというと、言い訳です。「〇〇だからできない」と言い訳をすることを断ちましょう。どうしたらできるか、それを考えることによって、あなたに合った方法がきっと見つかります。やると決めて取り組むことで、あなたが思った以上の成果が期待できるはずです。

レッスン⑧ 何から始めたらいいか分からない人でもやることが明確になり行動できる
～姿勢タイプ診断～

LESSON 8

●自分の姿勢を把握しよう！

トレーニングを実践していく前に、この〝姿勢タイプ診断〟をやってみましょう。これであなたの骨盤と腰の状態が分かります。この方法によって「腰の反り度」を把握します。簡単な方法ですので、日々、チェックしていきましょう。そして、トレーニングを続けて姿勢が良くなっていくにつれて、この腰の反り度が変わっていくはずです。トレーニング期間中、この変化を感じていくことで、モチベーションも高くなっていくでしょう。

姿勢タイプ診断

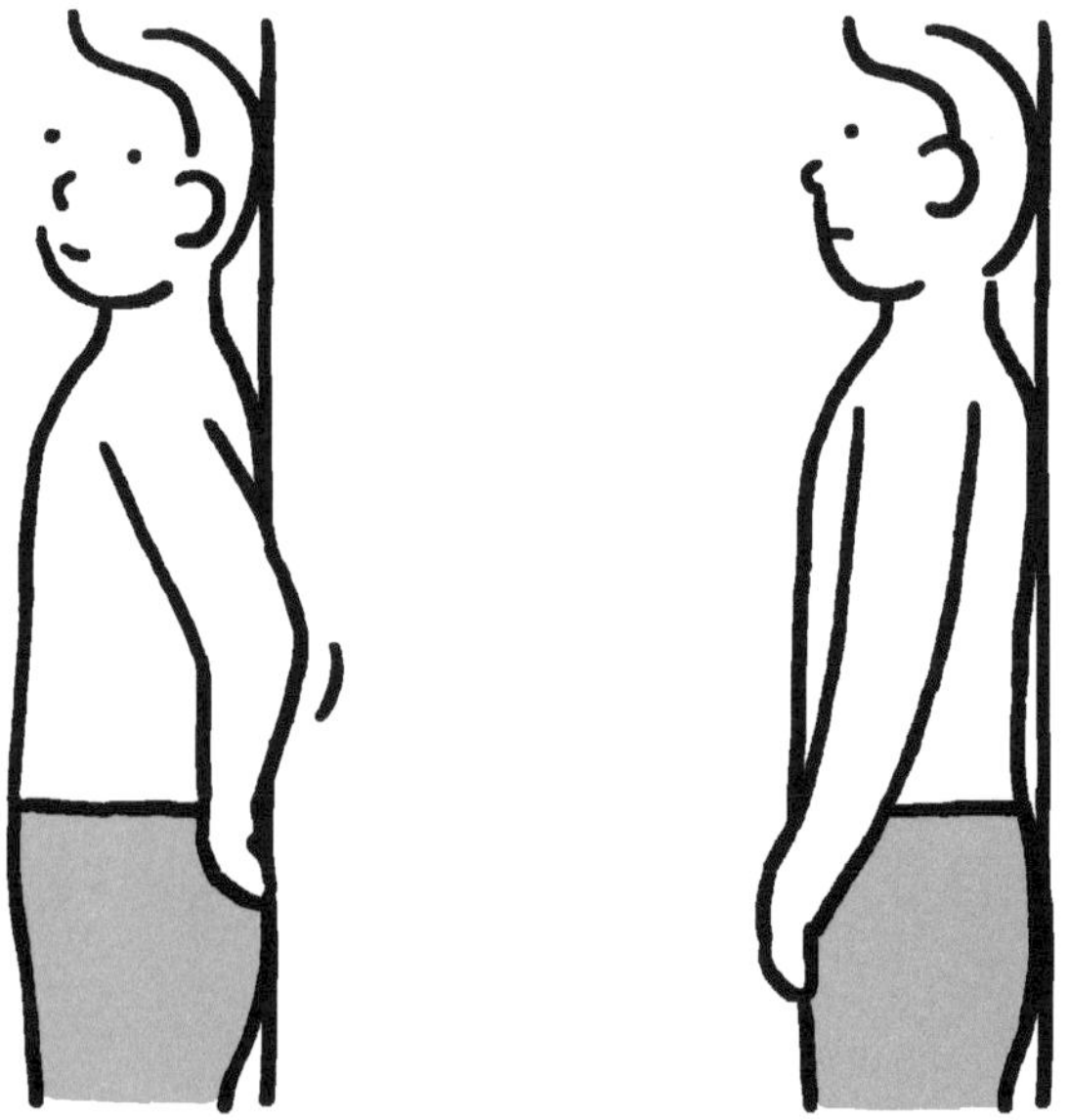

②壁と腰の間（ウエストの部分）に手がどのぐらい入るか入れてみます。

①壁を背にして立ちます。踵《かかと》、お尻、背中、頭を壁につけます。膝が曲がらないようにします。

③手の入り具合で腰の反り度を判定します。

◎腰の反り度

反り度4：拳《こぶし》が入る
反り度3：両手の平が入る
反り度2：片手の平が入る
反り度1：指先が入るが片手の平全体は入らない
反り度0：指先も入らない

腰の反り度2～4の方は、腰の反りが強いことになります。これは、骨盤が前に傾いていることも示しています。理想的なのは「反り度1」になります。トレーニングをしていくなかで、「反り度1」になるように目指してやっていきましょう。逆に「反り度0」の方は腰の反りがないということになります。「反り度0」の場合でも、骨盤トレーニングと姿勢なおしをすることで、適切な腰の反りになっていくことが期待できます。一つの目安ととらえて、変化を感じていきましょう。トレーニングを行うことによって「反り度4」の方でも、続けていけば「反り度1」に近づいていきます。なお、トレーニング方法はどの反り度の方でも同じです。実際のトレーニングは第4章以降お伝えしていきます。

反り度3くらいかな
にゃあ～
ふふ
反り度1の猫
シャン

LESSON 9

レッスン⑨

コレだけ知っておけばお腹の脂肪が燃焼され自然やせ体質になる
～骨盤トレーニング4ステージの流れを解説～

●いよいよ、姿勢なおしダイエットをスタートしましょう！

これまでお伝えしてきたように、前に倒れている骨盤を後ろに傾ける動きをすることによって、骨盤が立ち、腰の反りが改善することでお腹が前に出ることなく、効果的に脂肪燃焼もしてくれるためやせていく、というのが本書のメソッドです。骨盤の傾きを変えるだけですから、慣れてしまえばとてもシンプルです。

とはいえ、やってみると意外と難しい……と感じられるかもしれません。それは左記の4つの理由からです。

●骨盤を立てる動きを習得することが難しいと感じる4つの理由

1. 骨盤まわりの筋肉がかたい
2. 腹筋が弱い
3. 動き方が分からない
4. 習慣化されていない

本書でお伝えする姿勢なおしダイエットトレーニングはこの4つの問題点を解決するために、それぞれ4つのステージに分けて、しっかりと段階的にクリアしていくことを目的としています。ステージ別の詳しいコンセプトについて左記で解説します。

★1stステージ：体をやわらかくする

まず、骨盤まわりの筋肉がかたいと骨盤を動かそうとしても動きません。骨盤にはたくさんの筋肉がついています。この筋肉に制限されてしまい、骨盤を動かそうとしても動かないのです。骨盤を動かすためには、筋肉のかたさをとっていくことがまず最も大切なことです。ストレッチとセルフマッサージを2週間しっかり行い、筋肉をやわらかくしていきましょう。そうすれば骨盤の動きがスムーズになることを実感できるでしょう。

★2ndステージ：腹筋を強くする

骨盤の動きがスムーズになったら、腹筋の強化に取り組みます。骨盤を立てる動きは、腹筋で引っ張ることによって可能になるのです。また、腹筋は大きな筋肉であり、カロリー消費も高く基礎代謝も上がります。腹筋運動をしっかりと行っていくのがこの2ndステージです。

★3rdステージ：姿勢をなおす

このステージでは、立って骨盤を動かす、骨盤を立てた状態をキープするという運動になります。立ちながらでも腹筋を使えることによりお腹やせを加速させることができます。ここでは主に姿勢と動き方を解説していきます。

★4thステージ：習慣にする

一度できるようになっても、日々習慣的に行わないと、また元に戻ってしまいます。1日5分の体操を続けながら、姿勢を良くすることを日々意識することが大切です。毎日の習慣にして、達成したことをキープしていきましょう！

第4章　1stステージ〈スタート～2週目〉

骨盤まわりをやわらかくして腰痛軽減とお腹スリムへの一歩を踏み出そう！

レッスン⑩

お尻の筋肉を緩めることで骨盤が楽に動くようになる～お尻のストレッチ&セルフマッサージ～

【所要時間2分】

LESSON 10

●さあ、それではレッスンのスタートです！

はじめに取り組むのはお尻の筋肉をやわらかくする方法です。多くの腰痛のある患者さんを施術してきましたが、お尻の筋肉をマッサージすると良くなることを何度も経験してきました。それはお尻の筋肉が凝っていると骨盤が動きにくくなり、腰に負担がかかるため腰痛を強めてしまうことがあるからです。それをさけるためには、お尻の筋肉を緩《ゆる》めることが大切です。お尻の筋肉が緩むと骨盤のゆがみが整うため、お腹に力が入りやすくなり腹筋が働きます。そして、お腹の脂肪が燃焼されるためお腹やせにつながるのです。

●お尻のストレッチのねらいは?

お尻の筋肉というと大殿筋《だいでんきん》が有名ですが、狙いは大殿筋ではなく奥にある梨状筋《りじょうきん》という筋肉です(84頁参照)。この梨状筋を緩めていきます。梨状筋がかたいと骨盤の動きを制限してしまうため腰痛とポッコリお腹の原因の一つになります。梨状筋を緩めて、しなやかな動きを手に入れましょう!

●ストレッチとセルフマッサージの違いは?

ストレッチとタオルを使ったセルフマッサージの方法をご紹介します。ストレッチは筋肉を全体的に伸ばすことができ、一方、よりピンポイントで効果があるのがセルフマッサージになります。2種類の方法をご紹介します。実施すると痛みを感じる場合があります。「痛気持《いたきも》ちいい」ような心地よい痛みがあればよいですが、不快な痛みがある場合はやめておきましょう。

適切にできているときは、「気持ちが良い」と感じます。不快感がある場合は、少し角度を変えてみるなどして、微調整してください。

お尻（梨状筋）のストレッチ【30秒×左右（1分）】

①座った状態からスタート。片方の膝をあぐらをかくように曲げます。
②もう片方の膝を自分のほうに抱えるようにします。このとき、足先は反対側のあぐらをかいた足の太ももより外側に出します。
③お尻の筋肉が伸ばされているのを感じながら、30秒間キープします。
④下になっている足は膝が痛くなるようなら伸ばして行いましょう。

膝を抱えるように胸のほうに向かって引きます。

あぐらが難しい場合は反対の膝は伸ばして行います。

マッサージ用タオルの作り方

①フェイスタオルを1枚用意します。
②フェイスタオルを縦に2回折ります。
③端からくるくると丸めます。きつめに丸めるのがポイントです。
④円柱状になるようにします。

①

②

③

④

お尻（梨状筋）のマッサージ【30秒×左右（1分）】

①座った状態からスタート。丸めたタオルをお尻の下に入れて、自分の体重をかけます。
②お尻の奥のほうがマッサージされている感覚を感じながら前後にゆっくり動かします。
③片側30秒ずつ、左右行います。

自分の体重をかけることによってマッサージをするため、「痛気持ちいい」という感覚を感じながら行いましょう。座りながらだと痛すぎる方は寝ながら行うと楽にマッサージすることができます。痛すぎるまま続けると、翌日痛みが残ることがあります。"もみ返し"のようなものです。適切な強さを見つけていきましょう。

（座りながら行う方法）

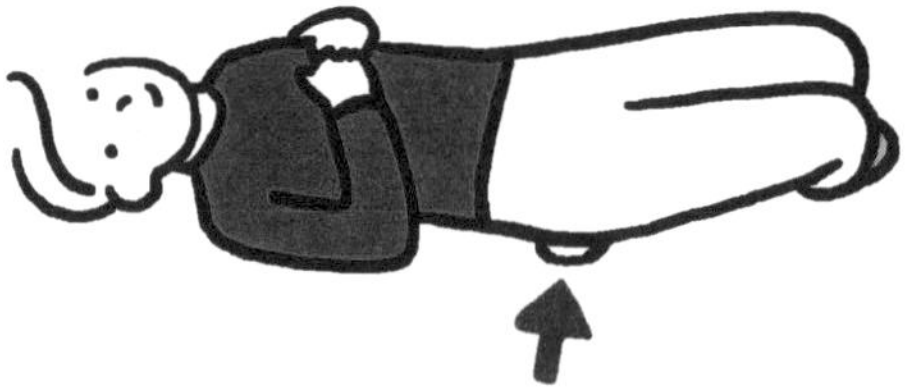

（寝ながら行う方法）

LESSON 11

レッスン⑪ 隠れた凝りをほぐして骨盤を前に倒す原因を解消！ ～太ももの外側のセルフマッサージ～

【所要時間2分】

●骨盤の動きを制限してしまう原因が実は太もも！

次は太ももを柔軟にしていきましょう！ 骨盤の動きが制限されてしまうのは、実はこの太ももの筋肉が緊張しているからなのです。この部分をしっかりと伸ばすことによって骨盤が動きやすくなり、お腹やせにつながります。このマッサージをすると気持ちが良いのですが、中には悲鳴を上げるほど痛がる方もいらっしゃいます。なぜそんなに痛いのかというと〝隠れ凝り〟が存在しているからです。例えば肩凝りなどは凝っていることが自覚しやすいですが、太ももの凝りは自覚しにくいものなのです。

隠れ凝りは、腹筋とお尻の筋肉がうまく使えていないときに太ももの筋肉の負荷が強まり、常に緊張状態となることで筋肉が疲労することにより生じます。マッサージをすると痛みがあるというのは筋肉が疲れていたり傷んでいたりする証拠です。このマッサージにより筋肉の血行が良くなり、自然に筋肉の回復が促され筋肉の働きが良くなります。足が軽くなったと感じる方も多いでしょう。

以下の2ヵ所に分けてマッサージを行います。
①太ももの外側・上部
②太ももの外側・真ん中

太ももの外側・上部【30秒×左右（1分）】

①横向きに寝て肘から下で上体を支え、右ページの図の①（太ももの外側・上部）の部分に丸めたタオルを当てます。
②体重をかけてマッサージします。
③はじめは当てるだけでも構いません。慣れてきたら左右にゆすってさらにマッサージ効果を高めます。
④片側30秒間ずつ、両側行います。

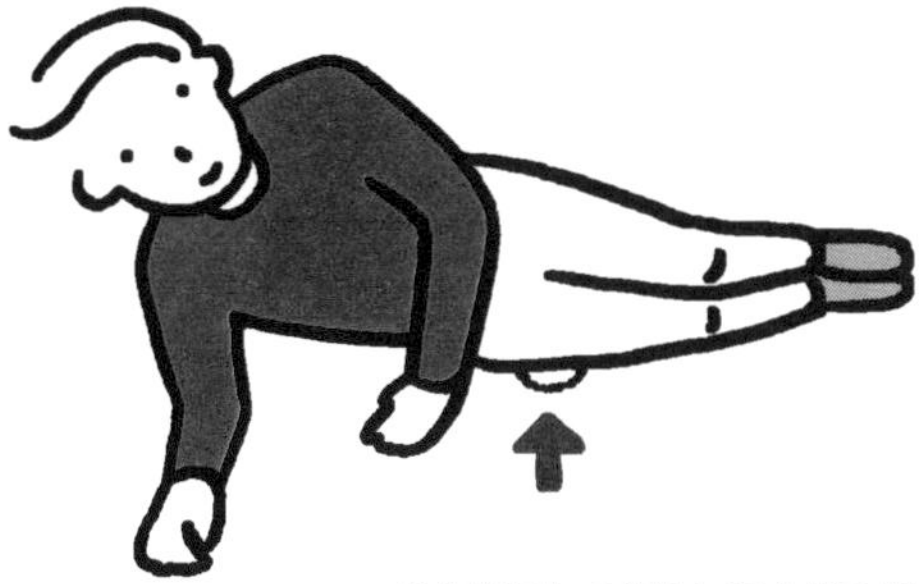

体を起こして行うと痛すぎる場合は肘を立てず
完全に横向きで寝て行っても良いです。

太ももの外側・真ん中【30秒×左右（1分）】

①タオルを少し下にずらして、右ページの図の②（太ももの外側の真ん中）をマッサージしていきます。
②上記のマッサージと同様に行います。
③片側30秒間ずつ、両側行います。

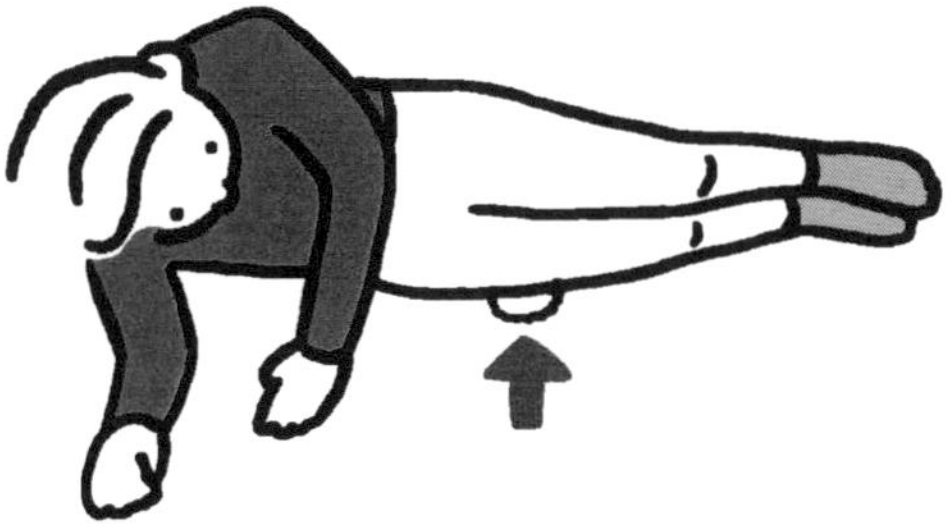

レッスン⑫

背骨と骨盤の連動した動きを引き出しスッキリ姿勢と軽やかな動きを獲得 ～背中のストレッチ&セルフマッサージ～

【所要時間1分】

LESSON 12

●背骨も動きやすくしよう!

背中の柔軟性を強化していくためにストレッチ、タオルを使ったセルフマッサージを行います。骨盤の動きは背骨の動きと連動しています。背骨の動きが良くなることで骨盤の動きも良くなり、姿勢が良くなります。ストレッチもしくはセルフマッサージのどちらかの方法を選んで行ってください。

●腰のマッサージはしてもいいの?

腰痛のある方はタオルを使ったマッサージを腰に行うことはあまりお勧めしません。腰の関節は緩くなりやすく、痛みを悪化させてしまう可能性があるからです。関節が緩くなりすぎると周辺の組織にダメージを与えるのです。一方、お尻や背中などはマッサージで緩めることにより腰の負担が軽くなり痛みの改善につながります。

背中のストレッチ【10秒×6回（1分）】

両膝を曲げ、足の裏側同士が向き合うようにして膝を倒して座ります。頭の後ろで手を組んで胸を反らすようにします。背中が伸びる感じがすればOKです。10秒×6回行います。

タオルを使った背中のセルフマッサージ【30秒×左右（1分）】

このマッサージは横になって行います。背中の真ん中に背骨があります。触ると硬い骨がありますので背骨は避けて背骨のすぐ横の位置を狙います。肩甲骨の下で内側の位置にタオルを当てて、タオルに体重をかけるようにして左右にマッサージしていきます。体重をかける量により負荷量を調整できます。「痛気持ちいい」という強さで行います。30秒×両側行います。

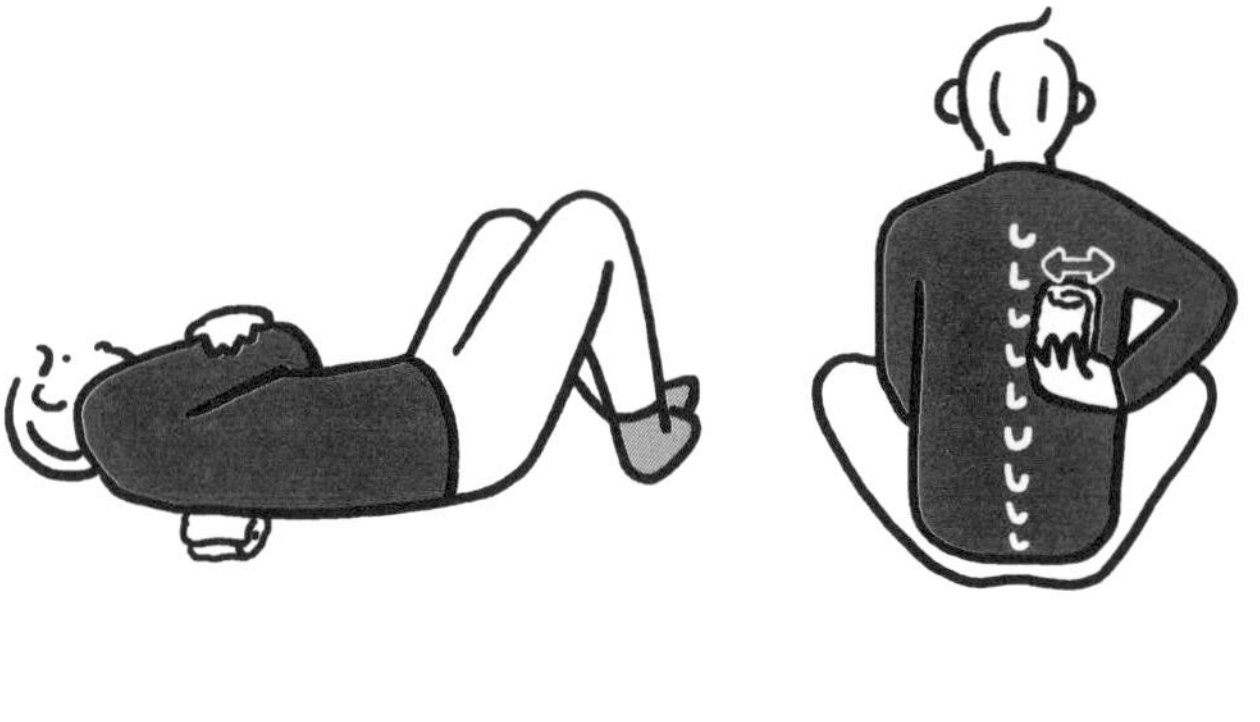

番外編〈余力があったら＋1分〉

骨盤の動きを妨げるココを伸ばすと腰の動きがスムーズになる
～太ももの後ろ側（ハムストリングス）のストレッチ～

太ももの後ろ側についている大きな筋肉が３つあります。大腿二頭筋《だいたいにとうきん》と半腱様筋《はんけんようきん》、半膜様筋《はんまくようきん》です。この3つの筋肉を総称してハムストリングスと呼びます。ハムストリングスがかたくなり柔軟性が低下すると、骨盤の動きを制限してしまいます。このハムストリングスは座っている姿勢の多い現代人にはかたくなりやすい筋肉です。重心が後ろにある人や骨盤が前に倒れている人もかたくなります。この筋肉をしっかり伸ばすことにより、骨盤の動きが良くなります。

太ももの後ろ側（ハムストリングス）のストレッチ【30秒×左右】

①片膝を外側に曲げて座り、反対側の膝を伸ばします。
②伸ばしている側のつま先に手を伸ばすように体を倒します。
③太ももの後ろ側が伸びているのを感じながら行います。

痛いようなら軽く膝を曲げて行います。

●ストレッチの時間はどのぐらいがいいの?

最低30秒、時間があれば90秒ほどかけてゆっくり伸ばしていくと効果的です。筋肉を覆っている膜である筋膜はエラスチン線維とコラーゲン線維でできています。エラスチンが伸びてくるのが30秒と言われ、コラーゲンが伸びてくるのが90秒と言われています。ストレッチ、マッサージに取り組む際に、日常的には30秒ずつで十分ですが、時間がある方は90秒行うとより効果的です。

しかし、これはあくまでも目安です。個人差がありますので、ご自身の体で「ほぐれたな」と感じることが大切です。**自分の体に意識を向け、体からの声に耳を傾けられるようになりましょう。**

ストレッチは
このくらいやれば
OKかなぁ
ほぐれたかどうか
体の声を聞いてみよう
どうですかぁ
ほぐれましたかぁ
体の声は
おなか空いたって
言ってるね
グ〜〜
ストレッチ
がんばったからね

第5章　2ndステージ〈3～4週目〉

下腹の筋肉をつけて腰痛を解消しお腹をへこませよう！

LESSON 13

レッスン⑬
コレだけ身に付ければ腰痛知らずでお腹ペッタンコ！
～恥骨を前に出し腰を丸め骨盤後傾運動～
【所要時間1分】

●本書で最も伝えたいのはこれです！

本書で最も重要な内容はこの〝恥骨を前に出し腰を丸めて骨盤後傾運動〟になります。おへそから下に向かって触っていくと硬い骨に当たります。それが恥骨です。この恥骨を上げて前に出す動き、これが前に倒れている骨盤を立たせるという動きになります。骨盤後傾運動をマスターすることでスリム姿勢になるのです。ではまずは寝ながらできるトレーニングから始めましょう。

寝ながらできるようになり感覚をつかんだら、立ってできるよう練習していきます。立ちながら行うトレーニングは第6章になります。

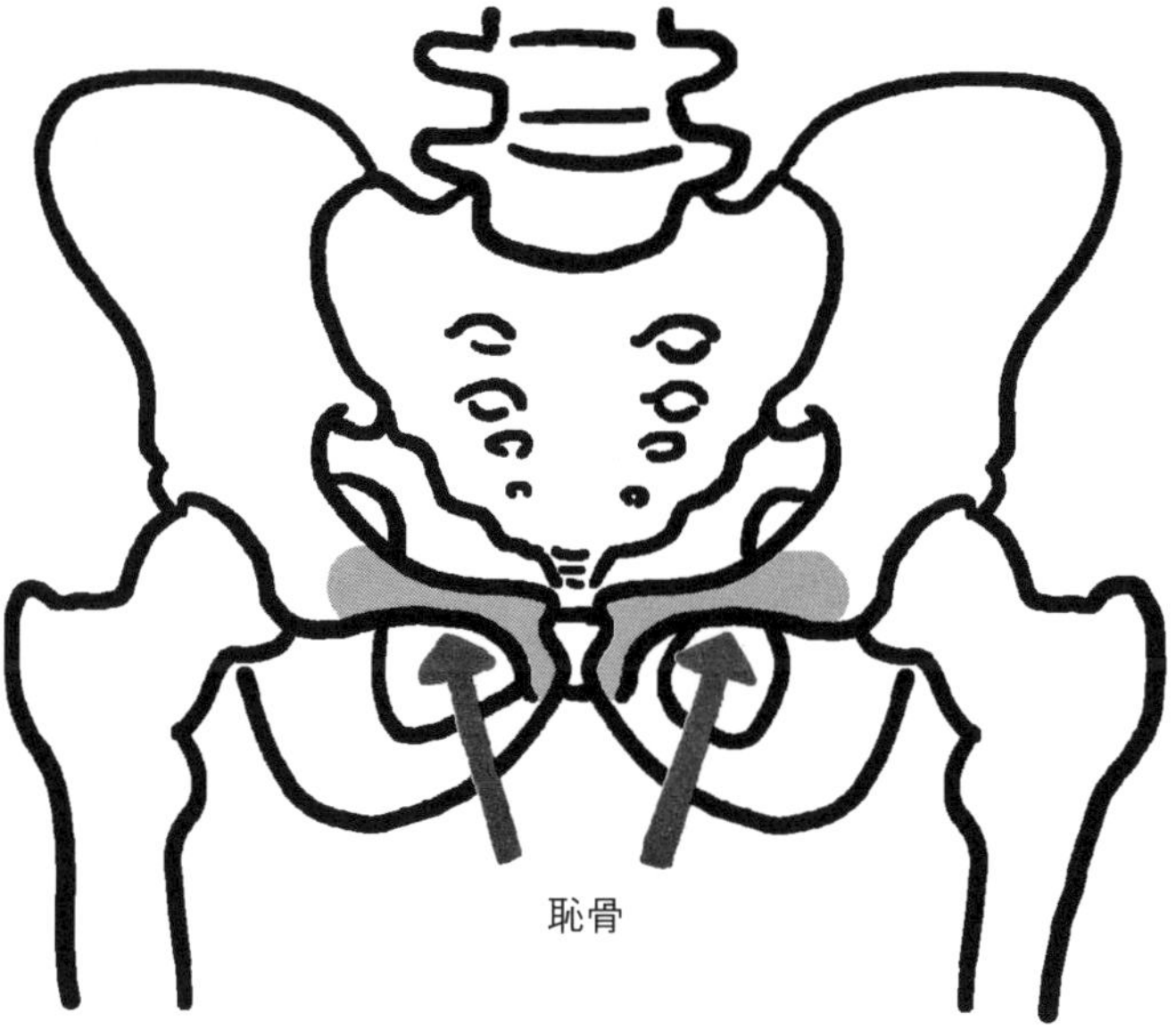
恥骨

骨盤後傾運動の方法

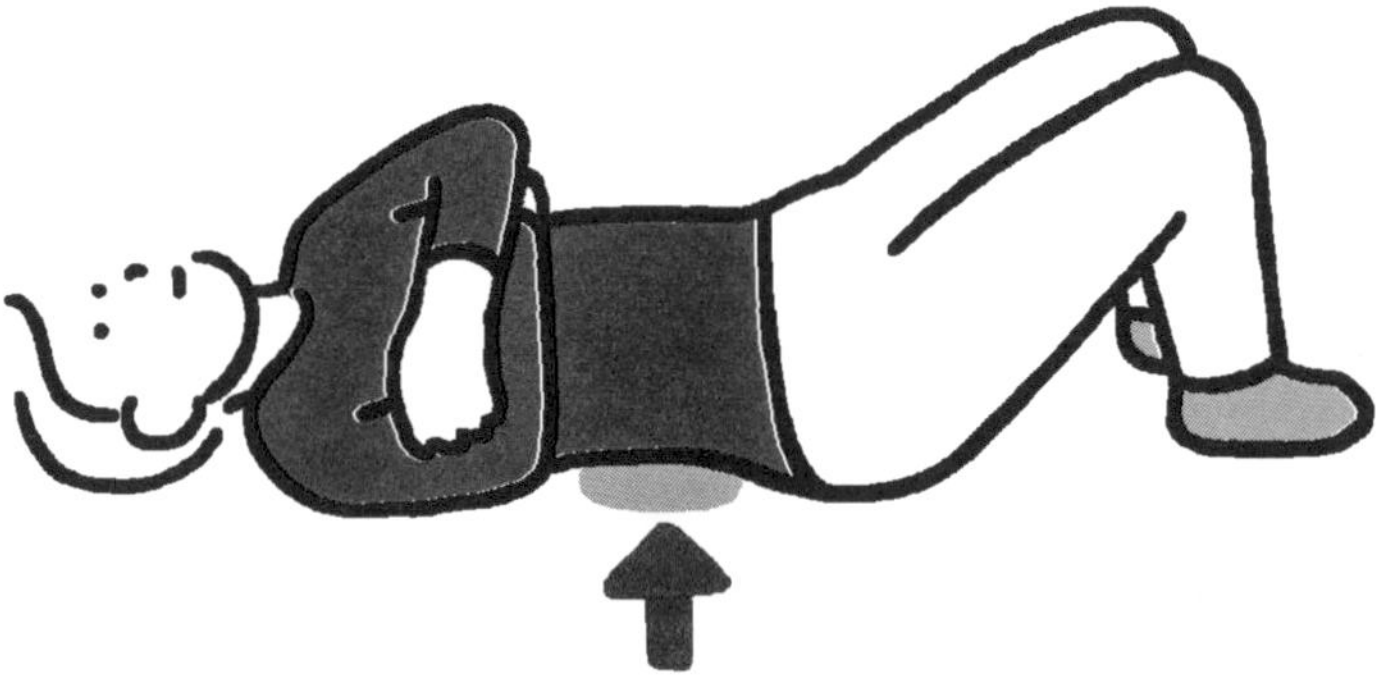

普通に寝た状態だと腰が浮いている

■寝ながら腰を丸める骨盤後傾運動
①両膝を立てて仰向けになります。

骨盤後傾運動をすると腰が浮かない

②恥骨を上げて腰を丸めます（骨盤を後ろに傾ける）。

この動きができるように練習します。**座っているときも立っているときも、常にこのように骨盤を立てている状態になると、お腹が引き締まった状態になります。そのような状態になることがこの〝姿勢なおしダイエット〟の本質です。**

座っているとき、立っているときの姿勢の保ち方は第7章4thステージで詳しくご紹介します。

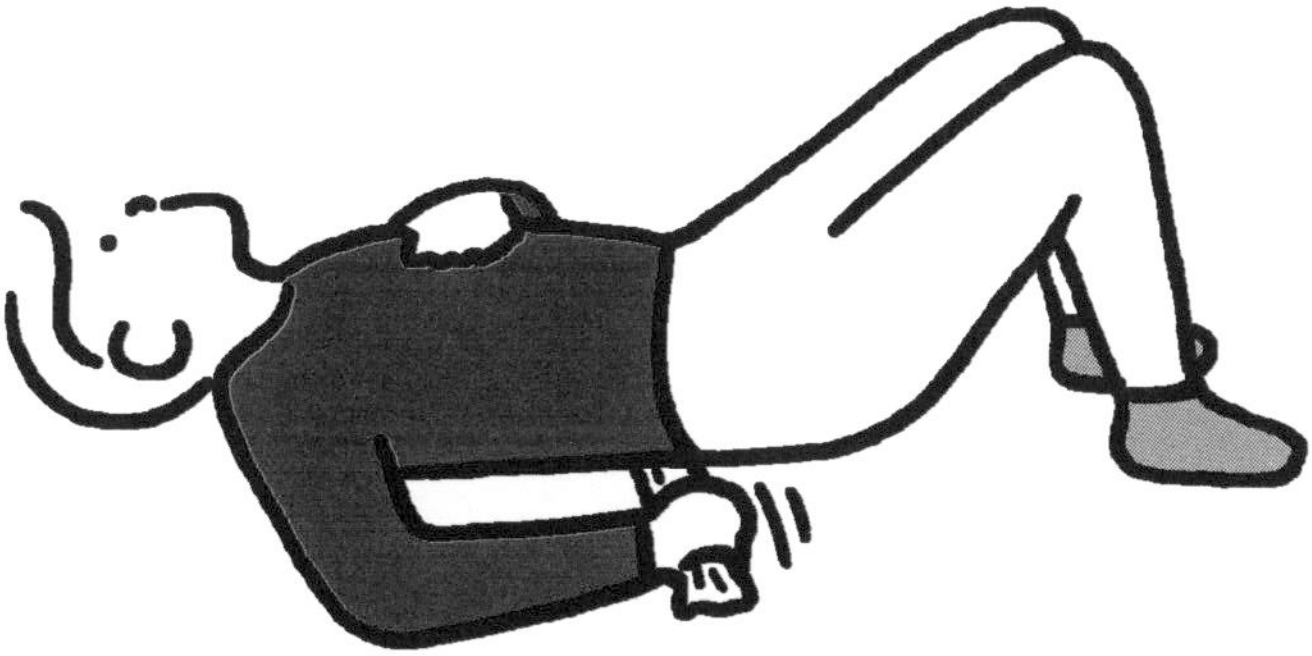

③腰が床につくことでタオルを引き抜こうとしても抜けない状態になります。

LESSON 14

レッスン⑭

筋トレが続かない人でもゆるく腹部のインナーマッスルを鍛えてお腹がぐんぐん引き締まる　～骨盤呼吸～

【所要時間1分】

●骨盤呼吸を実際にやってみよう！

レッスン⑥で、骨盤呼吸の効果を紹介しました。ここでは、具体的なやり方をご紹介します。骨盤呼吸の効果はまとめると以下になります。

★骨盤呼吸の効果

①お腹が引き締まる
②やせやすい体質になる
③腸の動きが良くなる

④ 骨盤のゆがみを改善する
⑤ 姿勢が良くなる
⑥ 腰痛が軽減する
⑦ 体が軽くなる
⑧ 自律神経が整う

このような良い効果がある骨盤呼吸ですので、ぜひ取り組んでみてください。では、骨盤呼吸はどういう呼吸なのかを解説します。呼吸は大きく分けて〝胸式〟と〝腹式〟があります。浅い呼吸では胸だけの胸式呼吸ですが、深い呼吸をすると腹式呼吸になります。腹式呼吸はさらに上部腹式と下部腹式の2つに分けられます。**骨盤呼吸は下部腹式を用いた呼吸法になります。**

実際のやり方をお伝えする前に、まずはあなたの普段の呼吸をチェックしてみましょう。

●お腹のどこで呼吸している？ 普段の呼吸チェック！

① おへそをはさんでお腹の上と下に手の平を置きます。

②深呼吸をします。
③上側のお腹と下側のお腹、どちらが動いているか確認します。

一般的に上側だけが動くか全体的に動くと感じられる方が多いです。では、骨盤後傾運動をして**骨盤を立ててお腹に力が入るようにします。その状態でもう一度深呼吸します。**すると、下側のほうが膨らんだりへこんだりしてくるようにお腹の動きが変化することが感じられるのではないでしょうか。これが、腹横筋を使った呼吸法である骨盤呼吸です。最初から下側が動くという場合はすでに腹横筋を使った呼吸をされていますので骨盤呼吸はやりやすいことでしょう。骨盤呼吸はおへその下の部分で呼吸をするというものです。実際にやってみましょう！

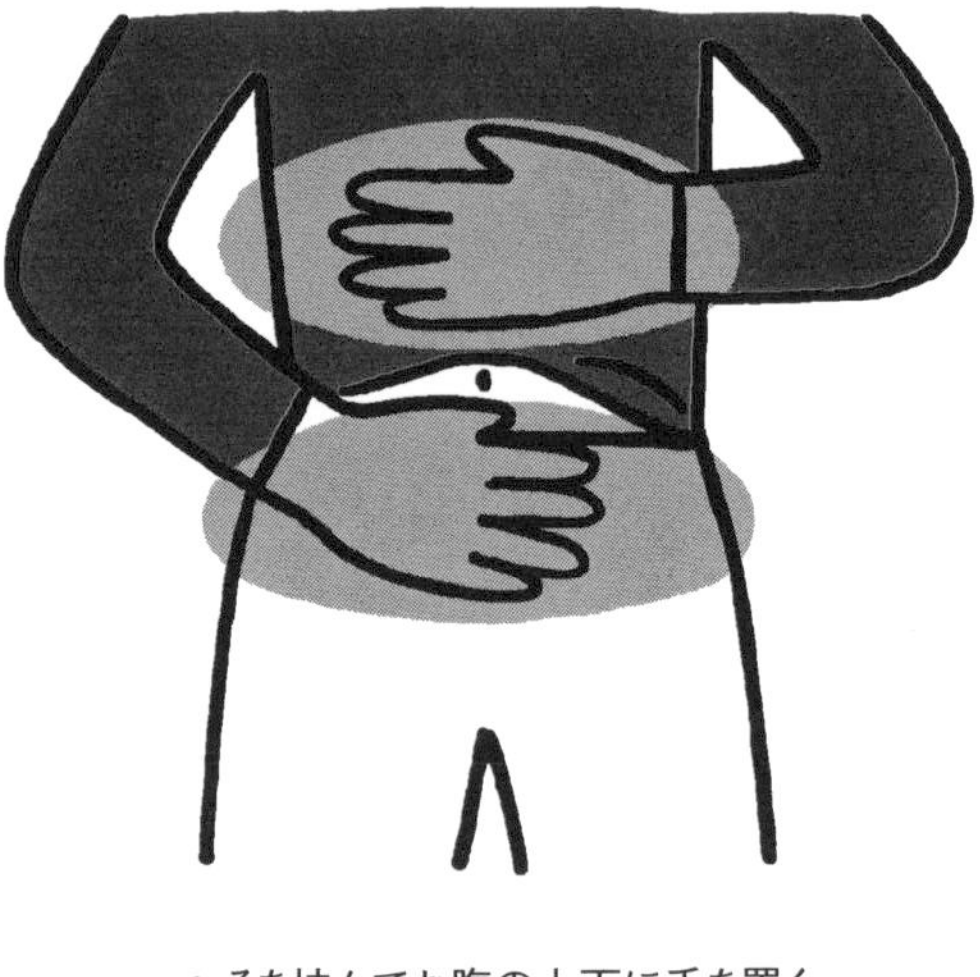
へそを挟んでお腹の上下に手を置く

実際にやってみよう！　骨盤呼吸！

■座って行う方法

①背筋を伸ばして椅子に腰かけます。
②おへそをはさんでお腹の上下に手の平を置きます。
③しっかりと腰を伸ばしたところから少しだけ骨盤を後ろに傾けてお腹に力が入るようにします。
④下腹を膨らませながら5秒で吸って下腹をへこませながら5秒で吐きます。
⑤下腹が動くことを確認したら上に置いている手を下に持っていき、両手で下腹を触りながらお腹の動きを意識して呼吸します。
⑥5秒で吸う、5秒で吐くを1回として6回を1セットで行います。

座りながらお腹に手を当て、下腹が動くように呼吸する

■寝て行う方法

座って行うのが難しい方は寝ながらやってみましょう。寝ながらのほうが腹式呼吸がしやすくなるため、やりやすい場合があります。

①膝を立てて仰向けに寝ます。
②おへそをはさんでお腹の上下に手の平を置きます。
③腰を丸めて恥骨を上げる骨盤後傾運動をすると、お腹に力が入った状態になります。
④下腹を膨らませながら5秒で吸って下腹をへこませながら5秒で吐きます。
⑤下腹が動くことを確認したら上に置いている手を下に持っていき、両手で下腹を触りながらお腹の動きを意識して呼吸します。
⑥5秒で吸う、5秒で吐くを1回として6回を1セットで行います。

■立って行う方法

立って行う方法はお腹にしっかりと力が入るためより効果的です。立って骨盤を立てた状態をキープしながら行うためお腹が引き締まる感じをさらに意識しながら行えることでしょう。

①肩の力を抜いてまっすぐ立ちます。
②おへそをはさんでお腹の上下に手の平を置きます。
③骨盤を立ててお腹を引き締めます。
④下腹を膨らませながら5秒で吸って下腹をへこませながら5秒で吐きます。
⑤下腹が動くことを確認したら上に置いている手を下に持っていき、両手で下腹を触りながらお腹の動きを意識して呼吸します。
⑥5秒で吸う、5秒で吐くを1回として6回を1セットで行います。

●ドローインとどう違うの？

お腹をへこませる呼吸法として「ドローイン」が有名です。ドローインとは息を吐ききってお腹をへこませた状態にして10～30秒間浅い呼吸をしながらキープするという方法です。確かにドローインは効果的な呼吸法ですが、苦しいため毎日やるのは大変という声を聞きます。骨盤呼吸は苦しい方法ではないため、毎日気軽に取り組んで頂けるでしょう。

●瞑想《めいそう》との違いはなんですか？

瞑想は深く長い呼吸のため、副交感神経が活性化しリラックス効果が高いでしょう。骨盤呼吸では5秒で吸って5秒で吐くというクイックコヒーレンステクニックの考え方を採用しています。コヒーレンスとは脳と心臓の波形が同調しているときの状態で、交感神経と副交感神経がバランスよく働いている状態となります。リラックスしすぎず、直感が冴えたり考えがクリアになったりなどの効果もあります。

LESSON 15

レッスン⑮
重力に負けてしまったポッコリお腹もシュッとしたくびれ腹になる！～寝ながら下腹を鍛える足上げ運動～

【所要時間2分】

●いよいよ、腹筋を鍛えていきましょう！

腹筋が強くなることで骨盤を立てやすくなり、お腹がスッキリ見える体型になっていきます。腹筋運動というと仰向けになって頭の後ろで手を組んで頭を上げるような運動を想像する方が多いと思いますが、本書の方法は主に足を上げるような運動になります。骨盤を立たせるために大切な下腹を鍛える目的のためです。下腹を鍛える方法として、骨盤後傾をキープしながら足の運動を行うという方法をお伝えします。

片足の上げ下げ【6秒×左右交互に10回（1分）】

①タオルを腰の下に置き、仰向けに寝ます。
②両足を上げ、膝を直角に曲げます。
③恥骨を上げて腰を丸めて、タオルを押しつぶすようにします。（タオルを引っ張っても抜けないように）

④③の状態をキープしながら片足を下げます。（膝は曲がったまま）
⑤3秒かけて下げて3秒かけて上げます。（6秒で1動作）

⑥左右交互に10回行います。

※タオルが抜けないようにキープしながら行うことがポイントです！

両足法【6秒×10回（1分）】

①タオルを腰の下に置き、仰向けに寝ます。
②両足を上げ、膝を直角または自然に曲がる角度に曲げます。
③腰を丸めて、タオルを押しつぶすようにします。（タオルを引っ張っても抜けないように）

④③の状態をキープしながら両足を下げます。（膝は曲がったまま）
⑤3秒かけて下げて3秒かけて上げます。（6秒で1動作）
足が床につくまで下げると腹筋の力が抜けてしまう方が多いです。タオルが抜けないことを確認しながら小さい範囲から行いましょう。

⑥10回行います。

※タオルが抜けないようにキープしながら行うことがポイントです!
この方法は負荷が強いため、難しい場合は無理せず、片足法のみを行って下さい。首が痛くなるという場合は、頭の下に枕を入れて下さい。

●どうしてもタオルが抜けてしまいます。どうしたらいいですか？

腰椎が動きにくいのかもしれません。骨、関節が動きにくいといくら腹筋に力を入れても入りにくくなります。そんなときは以下の「屈みこみストレッチ」をすることで腰椎の動きを良くしてみましょう。腰椎の動きが良くなることでスムーズに腹筋に力が入り、タオルが抜けなくなります。

屈みこみストレッチ

①椅子に腰かけます。
②腰に背中側から手を当てます。
③体を前に屈みこむようにして10秒間キープします。6回程度行います。
④指で腰の骨に触れながら行います。

※もし腰の痛みが出現する場合はやめておきましょう。その際は前述のお尻のストレッチや、セルフマッサージをしっかりと行うことがお勧めです。

座りながら腰椎に手を当て、体を前に屈める
（もし腰の痛みなどが出たら中止して下さい）

レッスン⑯ とれづらい横腹脂肪もスッキリお腹に大変身！〜下腹に力を入れながら腰ひねり運動〜

【所要時間1分】

LESSON 16

●次は横腹についた脂肪を燃焼する方法です

恥骨を上げて骨盤後傾をキープして下腹を引きしめながら腰をひねります。**腹筋は「曲げる」、「伸ばす」、「回す」、「側屈する」など複雑な動きをする筋肉**です。ひねり運動を行うことで横腹についている外腹斜《がいふくしゃ》筋《きん》という筋肉を強くし、脂肪燃焼につなげることができます。

腰を丸めて下腹に力を入れながら腰ひねり運動【6秒×10回（1分）】

①仰向けに寝て、ウエストの下にタオルを敷き、 そろえた膝を直角に上げます。
②腰を丸めて下腹に力を入れます。
③左右に両足を倒していきます。 このとき、お腹の力が抜けないようにすることが大切です。
④3秒で倒して3秒で戻します。 左右合わせて10回行います。

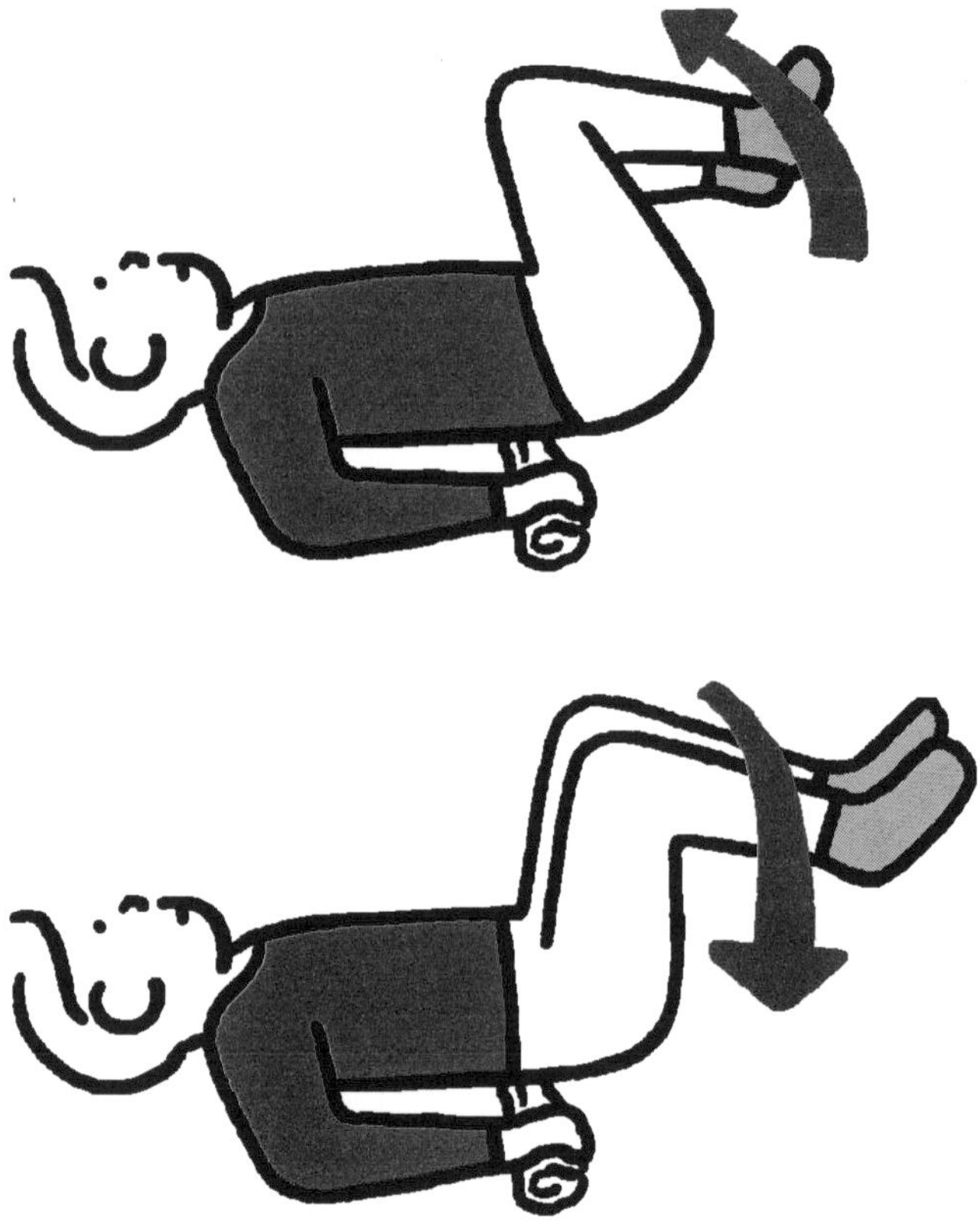

骨盤後傾しながら腰ひねり運動

●腹筋運動は筋肉痛になりませんか？

腹筋は強い筋肉のため筋肉痛になりにくい筋肉です。ただし「かなりキツイ」と感じるレベルで筋トレをすれば筋肉痛になる可能性はあります。筋肉痛は筋肉が強くなる過程で生じるものですので、必要な場合もあります。しかし筋肉痛が強すぎる場合は、負荷が強すぎる可能性があるため、動かす範囲を小さくするなどして負荷量を調整して下さい。

●腹筋運動のときの呼吸はどうしたらいいですか？

はじめは普通に呼吸をしながら行います。息は止めずに行いましょう。慣れてきたら、力を入れているときは息を吐きながら行うようにします。特に足の上げ下げでは足を下げるときに力を入れる必要がありますので、足を下げるときに吐きながら行います。

番外編〈余力があったら＋1分〉

鏡餅のようなお腹も続ければ憧れの割れた腹筋になる！ ～頭上げ回旋運動～

もっと腹筋を強化したい方のための＋αの方法です。腹直筋と外腹斜筋《がいふくしゃきん》をより一層鍛える方法です。このトレーニングでは腹筋上部が強化されます。この体操も行うことで腹筋が全体的に鍛えられます。

腹筋運動は、ゆっくり行うことがポイントです。速い動きは勢いでできてしまうため、十分な負荷が筋肉にかかりにくくなります。関節も痛めやすくなるため、ゆっくりとした動きを心がけましょう。

ここでは、6秒かけて1回というやり方で行います。

頭上げ回旋運動【1分】

①仰向けに寝て、そろえた膝を直角に上げた体勢で頭の後ろで手を組みます。
②腰を丸めて骨盤がぐらつかないようにします。
③片方の肘を反対側の膝に近づけるように頭と肩を上げます。
④3秒で上げて3秒でおろす、を10回行います。

COLUMN

Q お尻の筋肉を緩めるとなぜ腰痛に効くのでしょうか?

A お尻の奥の筋肉、梨状筋は仙骨から大腿骨に向かってついています。この筋肉の緊張が強くなり張っている場合、仙骨の動きを制限してしまいます。仙骨が動きにくくなることによって、腰椎の動きが増大してしまいます。腰椎が動きすぎてしまうことで、周囲の筋肉や組織に損傷を与え、痛みを生じやすくなります。

したがって、梨状筋を緩めることで仙骨、腸骨、腰椎の動きの連動がスムーズになり腰痛の軽減に繋がります。

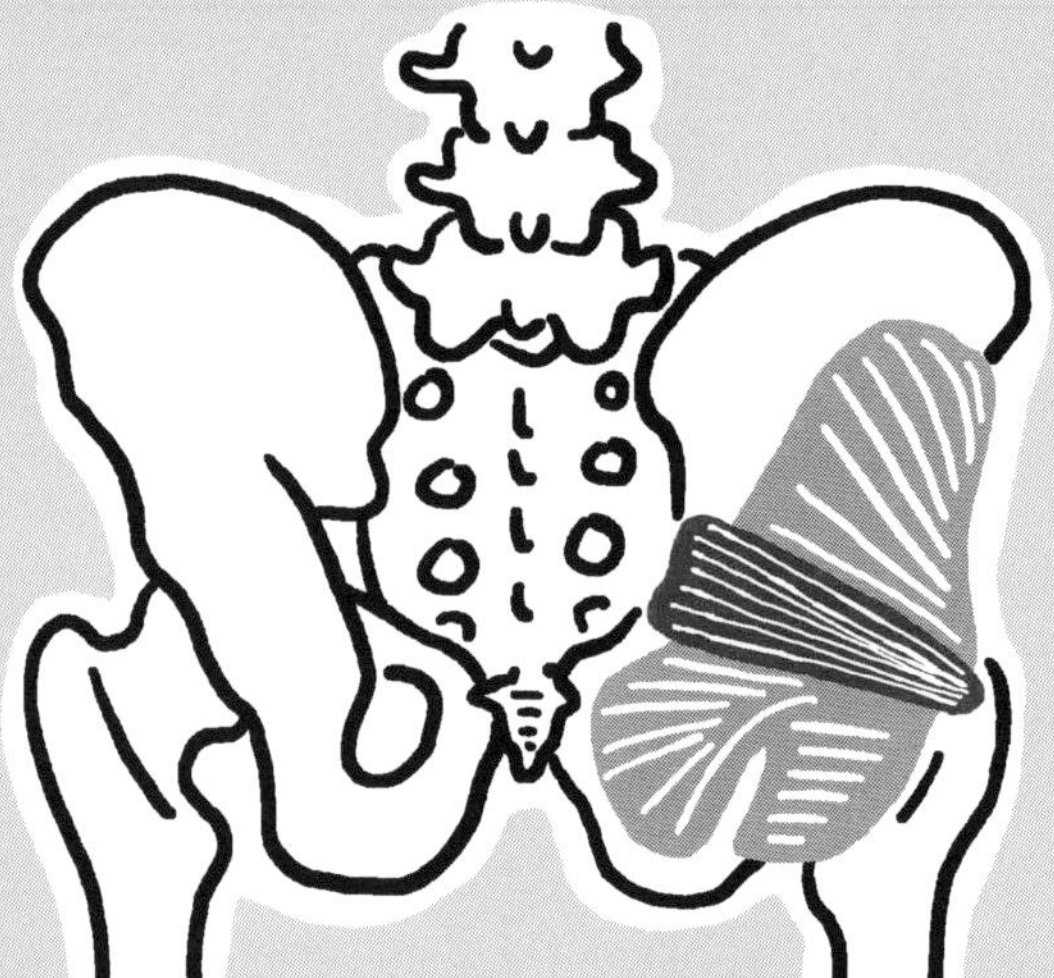

第6章　3rdステージ　〈5～6週目〉

立ってするお腹のトレーニングで姿勢を変えて腰痛とお腹太りにおさらばを！

レッスン⑰

悩んでいた余分な脂肪もお腹の血行を良くして燃焼!

~お腹のストレッチ~

【所要時間1分】

LESSON 17

●スリム姿勢になるための大切なステージ

3rdステージは立って行う体操になります。寝ながら行う体操は体の基礎を整える役割が大きくなります。立って行う体操は、より普段の姿勢を変えていくことにつながります。

●意外にもお腹も凝っている!

まずはお腹のストレッチからです。お腹が凝っているという感じはあまりしないと思いますが、**実はお腹も凝ります。**内腹斜筋《ないふくしゃきん》という筋肉が骨盤を前に倒す役割があり、かたくなりやすいのです。このストレッチ方法を行えば内腹斜筋を伸ばし、凝りをほぐすことができます。そうするとお腹の動きがスムーズになるため姿勢をなおしやすくなります。

では、お腹のストレッチ方法を紹介します。この方法で大切なのは、骨盤後傾をしっかりした状態でストレッチをするということです。恥骨上げをして骨盤を後傾し立たせたうえで行わないと、腰が反るだけになり、お腹が伸ばされません。お腹が伸ばされることで**お腹の血行が良くなり腹筋が働きやすくなってお腹をひきしめてくれます。**

お腹のストレッチ【10秒×3回×左右（1分）】

①足の幅を広めにして立ち、膝を曲げます。
②恥骨を前に出して腰を丸めて骨盤を立てます。
③両手を上に上げて横に倒し、わずかに後ろに反らします。
④お腹が伸びるような感じがすればOKです。左右交互に10秒×3回行います。

※腰が反る感じがする、腰が痛くなるという場合はうまくできていない状況です。再度恥骨上げを意識して腰が反らないようにしてやってみましょう。

お腹のストレッチ

レッスン⑱
忙しい人でも隙間時間でお腹を鍛えられて腰痛もお腹太りもスッキリ解消する
～お腹やせスクワット～
【所要時間2分】

LESSON 18

●立った状態で腹筋を鍛えるスクワット

スクワットというと太ももを鍛えるイメージがあるかもしれません。スクワットはやり方により効果の範囲が変わります。**姿勢なおしダイエットでのスクワットは腹筋を鍛えることを目的としたスクワットに**なります。さらに、お腹とお尻は連動した動きがあるため、お尻の筋肉も働きやすくなります。腹筋と同時にお尻の筋肉も鍛える方法となりますのでお腹とお尻を引き締めることができます。

お腹やせスクワット【6秒×20回(2分)】

①足の幅を少し広げて立ちます。
②腰を丸めて下腹に力を入れます。
③お尻の穴をきゅっと締めます。
④椅子に座るようにお尻を後ろに下げて股関節と膝を曲げます。
⑤3秒で腰を落として3秒で戻します。これを20回行います。

※膝がつま先より前に出ないようにすることがポイントです。
※太ももではなくお腹が疲れてきます。

●寝てやる腹筋だけではだめなの？

寝て行う腹筋は、筋肉をつけるという意味では非常に効果的です。しかし筋肉は筋トレをすると鍛えられますが、その動きしか鍛えられないという「特異性の原則」という体の仕組みがあります。立っているときに働かせたいのであれば、立った状態で鍛える必要があります。では寝てやる運動に意味がないのかというとそんなことはありません。寝てやる筋トレでも筋肥大は起こります。つまり筋肉が大きくなるということです。筋肉が大きくなれば潜在的な力がアップします。どちらも継続して行うことでより効果的に結果を得られるでしょう。

また、筋肉は負荷を上げていかないと、それ以上強くならないという「過負荷の原則」というものがあります。楽にできるようになってきたら、より負荷をかける工夫をしていく必要があります。

レッスン⑲

歩くだけでお腹が鍛えられてスイスイお腹やせする～ゴリラウォーキング～

【所要時間2分】

LESSON 19

●いよいよ、歩きながら腹筋を使うということにチャレンジしていきましょう

このメソッドを効果的に行うため最もお腹に力が入る歩き方を研究したところ、ゴリラのような姿勢になりました。そのため私はゴリラウォーキングと呼んでいます。腹筋を鍛えるために効果が大きいのでぜひチャレンジしてみてください。見た目が恥ずかしい、という場合は誰もいないところでやるとよいでしょう。慣れてくれば、膝と股関節を伸ばしてまっすぐ立った状態でもお腹に力を入れて歩くことができるようになります。

まずはゴリラウォーキングでお腹に力を入れて歩くという感覚を身に付けて下さい。

ゴリラウォーキング【2分】

①足の幅を広めにして立ち、膝を少し曲げます。
②恥骨を上げて腰を丸めて骨盤を後傾します。（体はやや前かがみになります）
③両腕をできるかぎり内側にねじります。（手の平が外側を向き肩が前に出ます）
④お腹に力が入っていることを意識しながら歩きます。
⑤手を大きく振って体をねじりながらのっしのっしと歩きます。

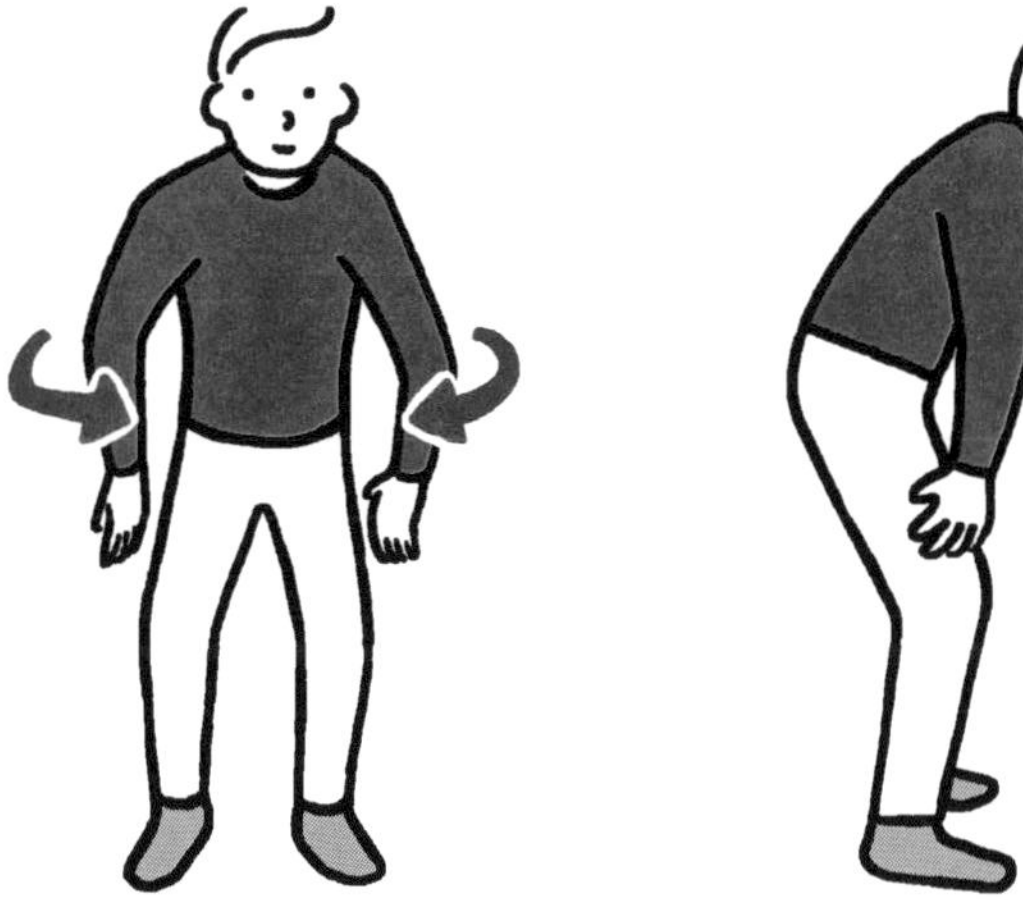

恥骨を前に出して
腰を丸めると
腹筋に力が入る。

※必ずお腹に力を入れて下さい。お腹に力が入っていない状態で行うと腰を痛める可能性があります。

番外編〈余力があったら＋1分〉
股関節を柔軟にすると姿勢が良くなる
～股関節（腸腰筋）のストレッチ～

お腹の奥から大腿骨についている筋肉、腸腰筋を伸ばします。この筋肉もかたくなりやすいので、しっかり伸ばすことがお勧めです。骨盤と股関節が動きやすくなることで姿勢が良くなりお腹やせにつながります。

この筋肉も、かたくなると腰の反りを強めてしまう筋肉になります。腸腰筋のストレッチは腰痛改善に有効で、お腹やせにもつながります。

股関節（腸腰筋）のストレッチ【30秒×左右】

①両足を前後に開いて立ちます（体がふらつく場合は何かにつかまります）。
②下腹に力を入れて骨盤を立てます。
③前に出している足の膝を曲げて、腰を前に出します。
④後ろに残っている足の付け根が伸ばされるような感じがすればOKです。
⑤30秒ずつ左右交互に行います（踵は浮かせます）。

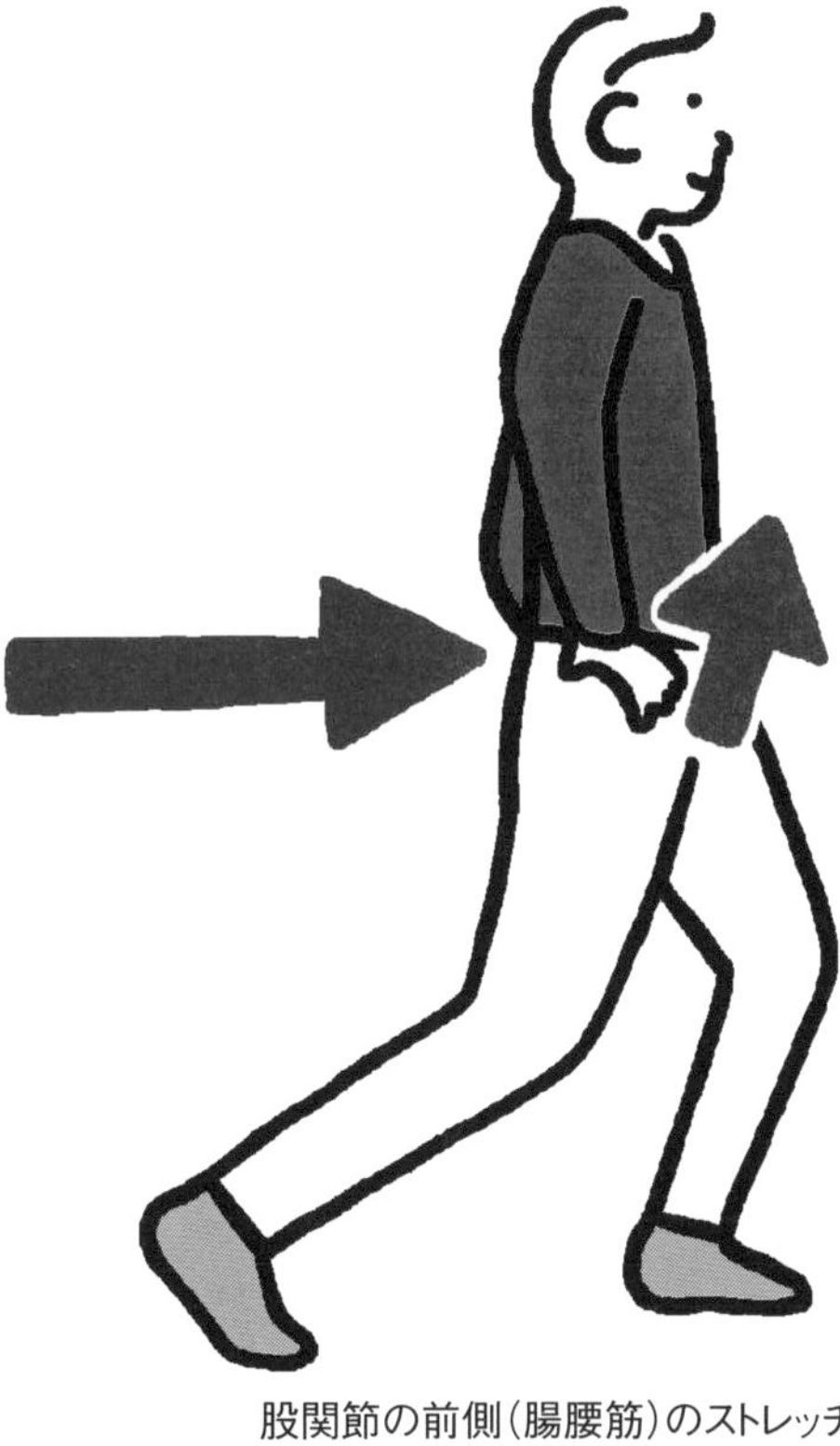

股関節の前側（腸腰筋）のストレッチ

1日5分 姿勢なおしダイエット

第7章　4thステージ〈7週目以降〉

もう二度と腰痛にならずリバウンドもせずに太りにくい自然やせ体質が手に入る毎日の習慣

LESSON 20

レッスン⑳ あなただけのカスタム5分の神セットを作れば一生続けられて太らない ～毎日の習慣作り～

●ここでやめたらもったいない!

ここまで6週間にわたって着実にトレーニングをこなしてこられたあなたは体の変化を感じていらっしゃることでしょう。ここでトレーニングを終了するとせっかく身に付いた体の変化と毎日の運動習慣がまた元に戻ってしまいます。ずっと続けられる習慣として継続していきましょう。そうすれば、さらに体が変化しゆるぎないものになります。ここまでで実践されたトレーニングのなかで自分に特に効果があると感じられているものをピックアップして**自分なりの〝5分の体操〟**を作ってみてください。前述のお腹やせスクワットやゴリラウォーキングは2分で紹介しましたが、時間も自分なりに調整してかまいません。

例1　柔軟と筋トレをバランスよく

①骨盤呼吸　1分
②お尻のセルフマッサージ　1分
③太ももの外側のセルフマッサージ（上部または真ん中）　1分
④骨盤後傾しながら片足を上げ下げ　1分
⑤お腹やせスクワット10回　1分
➡　計5分

例2　筋トレ中心

①骨盤呼吸　1分
②恥骨上げしながら片足または両足上げ下げ　1分
③恥骨上げしながら腰ひねり　1分
④お腹やせスクワット10回　1分
⑤ゴリラウォーキング　1分
➡　計5分

例3　忙しいので“ながら”で

①電車で座っているときに骨盤呼吸　1分
②バスを待っているときにスクワット　2分
③通勤で歩くときに合間で
　ゴリラウォーキング　2分
➡　計5分

例4　しっかりやりたいので全部

①お尻のストレッチ&セルフマッサージ
　2分
②太もものセルフマッサージ　2分
③背中のセルフマッサージ　1分
④ハムストリングスのストレッチ　1分
⑤恥骨上げ　1分
⑥骨盤呼吸　1分
⑦恥骨上げしながら片足上げ下げ
　1分
⑧恥骨上げしながら両足上げ下げ
　1分
⑨恥骨上げしながら腰ひねり　1分
⑩頭上げ回旋運動　1分
⑪お腹のストレッチ　1分
⑫お腹やせスクワット　2分
⑬ゴリラウォーキング　2分
⑭腸腰筋のストレッチ　1分
➡　計18分

あなたが取り組みやすいようにカスタムして運動習慣を継続してみてください。体がみるみる変わっていきますよ！

●3日坊主なのですが続けていくためのコツはありますか？

コツは、〝やるタイミングを決める〟ことです。時間が空いたらやろう、と思っているとなかなか時間は空かないものです。体操をやるタイミングを決めることが必要です。夜寝る前にやるという方もいますし、歯磨きの前にやるという方もいます。忘れずにやることは最初は大変かもしれませんが、一度習慣になれば「やらないと気持ちが悪い」という状態になります。日々のなかに良い習慣をたくさん取り入れていきましょう。

「はじめは人が習慣を作り、それから習慣が人を作る」という言葉があります。良い習慣作りに取り組むことが、一生リバウンドしないスリムお腹の第一歩です！

レッスン㉑

座る、立つときも骨盤を立ててお腹の脂肪燃焼を促してやせる～座る、立つ姿勢なおしダイエット～

LESSON 21

●大切なのは常に骨盤を立ててキープすること

骨盤後傾運動をして骨盤を常に立てられる状態になることが大切です。座っているとき、立っているときも恥骨を上げて骨盤を立てることによりお腹やせをしっかりと続けていけます。姿勢が良くなることで所作もキレイに見えるためにしなやかな立ち居振る舞いもできるようになります。

骨盤の動きは意識しにくいですが、正しい姿勢を理解すれば、意識して変えていくことが可能です。次頁より、正しい姿勢について解説します。

座りながら正しい骨盤のコントロール

腰が反りすぎたり腰が丸すぎたりすると効果が半減してしまいます。背筋を伸ばして座り、少しだけ後ろに傾け腹筋に力が入ることで反りすぎたり緩めすぎたりすることなく過ごすことが可能です。

×腰が反りすぎ。

×腰が丸まりすぎ。

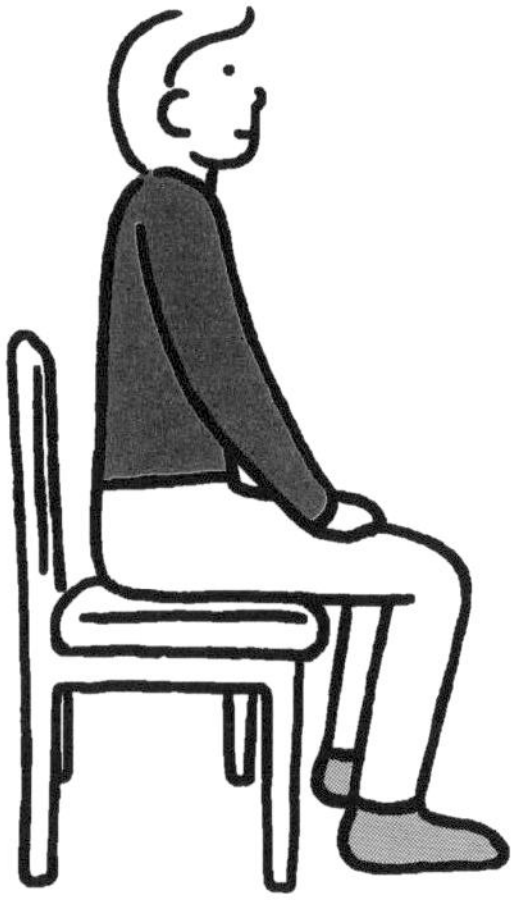

○恥骨を上げて骨盤が立っている状態。

立ちながら正しい骨盤のコントロール

立った状態で恥骨上げができるようになることがとても大切です。立って恥骨を上げて骨盤後傾運動をすることで骨盤が立ち、腹筋に力が入りやすくなります。

①軽く膝を曲げた状態で恥骨を上げて骨盤後傾運動をすると骨盤が立てられます。

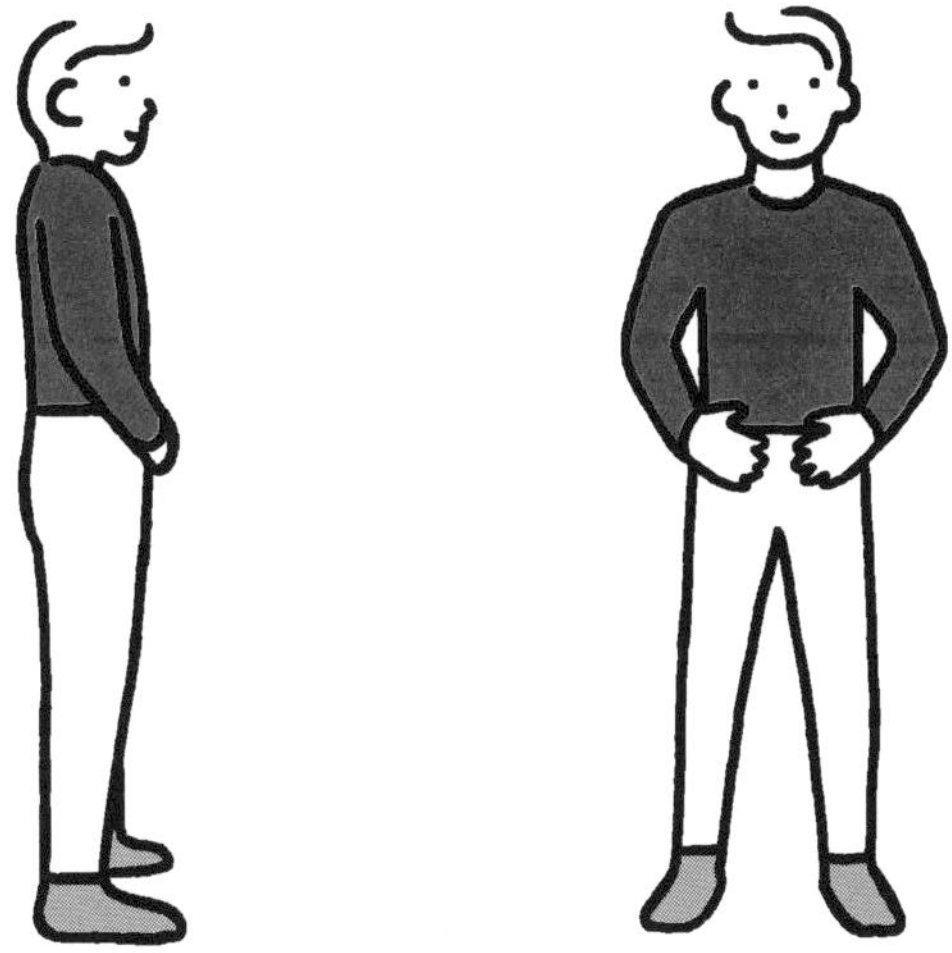

②お腹の力は抜かずに膝と股関節を伸ばしていきます。

レッスン㉒

骨盤を立てて歩けば姿勢が自然に変わり、周囲から「やせたね」と言われて自分に自信がつく〜姿勢なおしダイエットウォーキングメソッド〜

LESSON 22

●日常の歩き方を変えよう!

姿勢なおしを日常的にできるようになることで腰痛解消とお腹やせを実現するメソッドとなります。ここまでお伝えしてきたように具体的には**骨盤を立ててスリム姿勢をキープしながら歩きます**。これができるようになることが本書のゴールといっても過言ではありません。今までやってきたことがあるからこそ、この歩き方ができるようになります。

姿勢なおしダイエットウォーキングメソッド

①軽く膝を曲げて恥骨上げをし、下腹に力を入れます。
②下腹に力が入った状態を維持しながら膝と股関節を伸ばしていきます。
③お尻の穴を締める→上体が少し後ろにのけぞり気味になるため少し前に重心をもっていきます。
④胸を起こす→自然と足の親指で床を軽く踏みしめる感じになります。
⑤顎を引く→上記の状態をキープして歩き出します。
⑥軽く手を振って、上半身はリラックスした状態にしましょう。
⑦踵から足をつき、足全体から足の親指までしっかりと踏みしめます。
⑧常に下腹部に力が入った状態で歩き続けます。

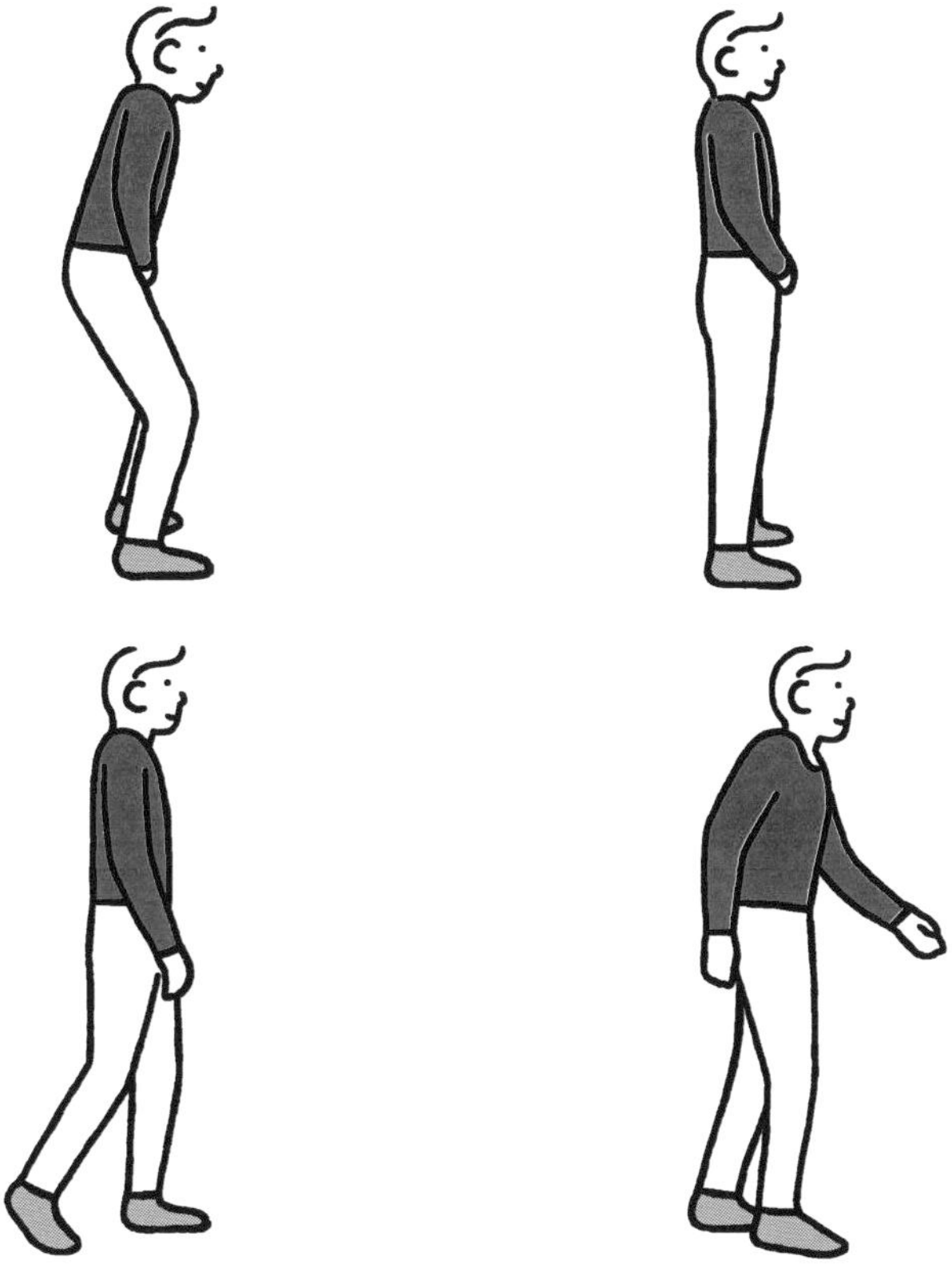

●意識することを忘れてしまいます、どうしたらいいでしょうか？

日常生活で姿勢を意識することは結構難しいものです。私自身、忘れていることがよくあります。**最初は意図的に意識する時間を設けてやってみてください。**例えば「通勤で駅に向かう途中は必ずやる」等です。それ以外のときは忘れても仕方がないということにしましょう。毎日行っているとその時間は自然にできるようになってきます。意識して行う場面を多くしていくことで自然にできる時間が増えていくはずです。最初は難しいと感じるかもしれませんが、あきらめずに続けていきましょう。慣れてしまえば一生続けられます！

第8章

自信がなくても一度でも成功体験があればいつでも理想体型を目指してやせることができる究極のお腹やせマインドの作り方

レッスン㉓

デブ思考をスリム思考に変えてストレスなく楽しく取り組める
〜5つのお腹やせマインド習慣〜

LESSON 23

●どんなに優れたメソッドでも……

実践されなければ宝の持ち腐れです。この章では取り組んで結果につなげるための考え方についてのアイディアをシェアします。私自身が実践して結果につながった大事なポイントを紹介していきます。

★5つのお腹やせマインド習慣

1. 間食したくなったときの魔法の言葉
2. お菓子は口ではなくポケットへ
3. NO罪悪感で食べる
4. 楽しく食べられるなら高糖質、高脂質にYES

5. トレーニングをやったらごほうび

①間食したくなったときの魔法の言葉

私もこれまでは小腹がすいたらお菓子をつまんだり、仕事の帰りに肉まんを買ったりしていました。そういった間食行動が太る原因でした。お腹がすいている状態というのは体が脂肪燃焼プロセスに入っている状態です。間食をできるだけ避けるために、**「今こそ、私の脂肪は燃焼されている！」**と強く思うようにしています。すると、小腹がすいた状態もわくわくしながら過ごすことができます。

②お菓子は口ではなくポケットへ

それでもどうしてもお菓子が食べたくなることがあります。我慢しようとすると精神的なリバウンドが起こります。そこで、お菓子を食べることはＯＫにします。ただし、食後と決めます。**間食したくなったら、ポケットや〝後で食べるボックス〟に入れておいて、食後のデザートとして頂きます。**そのようにすると、食後はそれほど食べたいと思えなかったりするので、自然に食べずに過ごせます。もちろん食べてもいいというルールなので、食べることもありますが、食べすぎるということはないでしょう。

③NO罪悪感で食べる

「これを食べたら太っちゃうかも」と思いながら、罪悪感を感じつつ食べると、ストレスになります。ストレスを感じているときというのは体の防衛反応が働きます。〝飢餓状態になったらどうしよう〟と体は考えるため、**脂肪を溜めようとしてしまいます**。罪悪感を感じることなく、食べるときはどうせ食べるのですから楽しい気持ちで食べたほうがいいのです。

④楽しく食べられるなら高糖質、高脂質にYES

楽しく食べるとやせます。楽しいときは幸せホルモンのセロトニンが出ます。セロトニンは腸に働き消化吸収を促進します。十分な栄養は脳を満足させるため、必要以上のカロリー摂取を控えられます。楽しい食事のはずなのに、罪悪感を感じてしまったら楽しくないですね。もしそれが毎日であれば考えなければなりませんが、**たまにお友達と出かけて「楽しい食事」をするのはOKです**。

⑤トレーニングをやったらごほうび

1日5分とはいえつい忘れてしまったり、空いた時間にやろうと思っていると空いた時間がないこともあります。例えば、「体操ができたらコーヒーが飲める」など、ごほうびを用意するのがお勧めです。人間とは単純なもので、**ごほうびのためにがんばれるもの**です。

COLUMN

Q なぜ、太ももの筋肉を緩める必要があるのでしょうか?

A 実は、骨盤を前に倒してしまう原因になっているのが、この部分だからです。大腿筋膜張筋という股関節の外側についている筋肉があります。その筋肉は太ももに続いている腸脛靱帯と続いています。この腸脛靱帯と太ももの大腿四頭筋が癒着を起こしている場合が多いのです。ここが癒着すると大腿筋膜張筋が骨盤を前に引っ張る力が強くなります。そのため骨盤が前に倒されてしまいます。ここが緩むことで骨盤の動きがよくなる方が非常に多いです。大腿筋膜張筋はダイレクトにストレッチやマッサージをすることが難しいため、太ももからのアプローチが有効です。

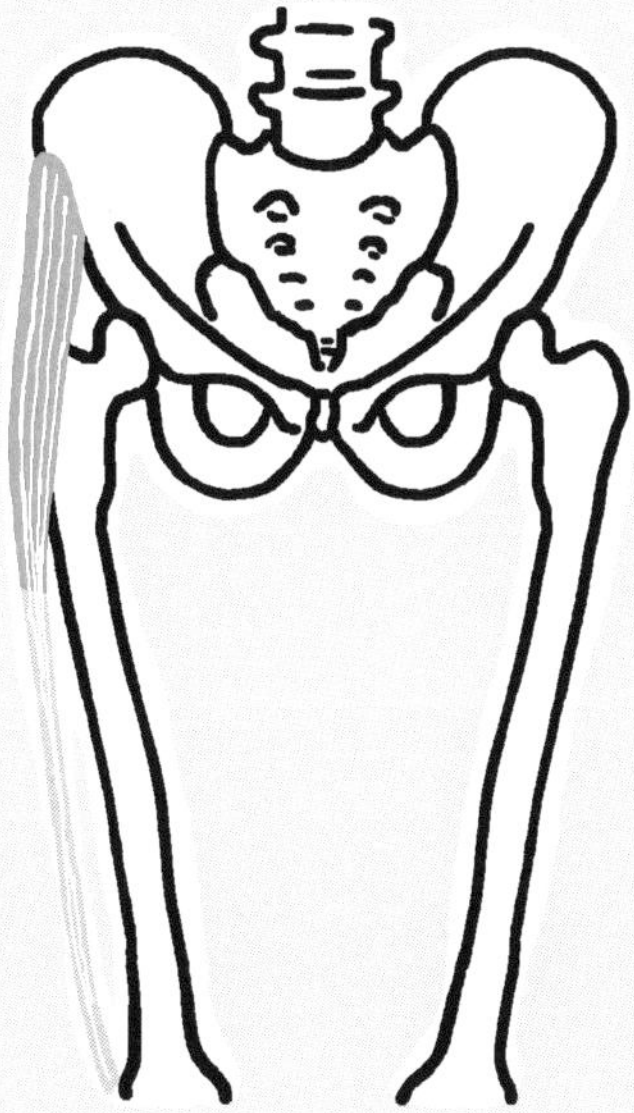

LESSON 24

レッスン㉔ 面倒なカロリー計算もこれで解決！
～アプリでらくらくダイエット～

●アプリで楽にカロリー計算できる！

日々の記録をつけていくことで、着実に成果につなげていくことができます。特にカロリー計算をすると、数値で分かるため食べすぎを防げます。とはいえ、カロリー計算なんて細かいことをやっていられない、とお思いになることでしょう。そんなときに便利なのが、**スマホの〝アプリ〟を使う**ということです。ダイエットアプリはたくさんあり、カロリー計算アプリも多くありますので、いくつかダウンロードして試してみられることをお勧めします。ご自身に合ったアプリを見つけてみてください。

●私のお勧めはこれです！

私が、とても便利で愛用しているのが、「カロママ」というアプリです。これは食事の写真をとって読み込ませるだけで簡単にカロリーを計算してくれるものです。もちろん手打ちして検索することも可能です。ＡＩの管理栄養士から、アドバイスももらえます。スマホの歩数計と連動しており、消費カロリーの概算も出してくれるためカロリー収支が分かりやすいです。アプリの指示に従っているだけで健康にやせられます。ゲーム感覚で楽しみながらやれるので続けられます（無料アプリです）。

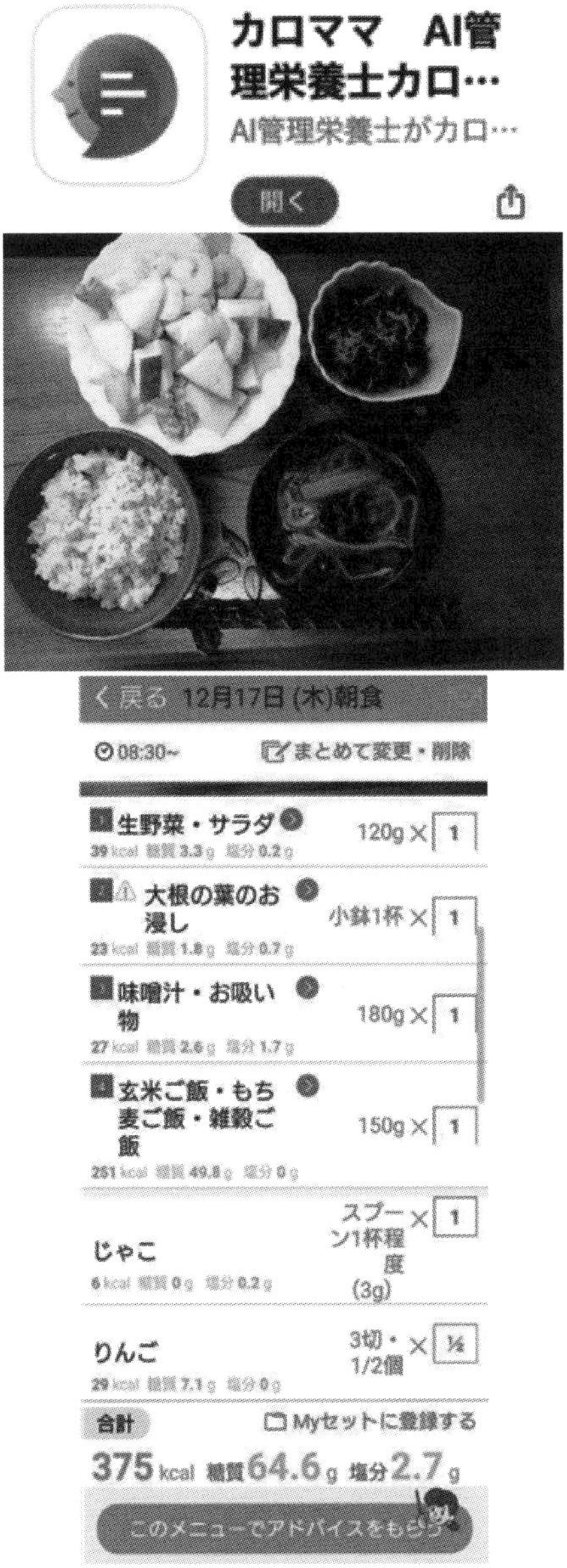

「カロママ」©（株）リンクアンドコミュニケーション

LESSON 25

レッスン㉕

「ま、いっか」と日常に流されてしまう人でもいつの間にか食事と運動が続けられている
〜脳の仕組みを使えばスムーズに目標達成できるゴールビジョンの作り方〜

●あなたがやせた後の理想の未来を描こう！

最後のレッスンは、ゴールビジョンの作り方です。何を目指してダイエットに取り組むのかが明確になるほど、人は積極的に行動できるようになります。３つの視点から、ダイエットの目指すものを明確にしていきます。

★ゴールビジョン

1. 目標
2. 目的

3. ビジョン

①目標

目標は期間と目標体重を決めましょう。「○○ヵ月で△△kg減を目指す」といった具体的な数値を決めることが大切です。数ヵ月後の大きなゴールをまず決めて、そこから逆算して、1ヵ月、1週間と小さなゴールを決めていくようにすると、達成しやすくなります。

②目的

目標はただの数値ですので、心からそれを達成したいと思えなければ、掲げただけで達成できないということもあるでしょう。そこで、大切なのが〝目的〟です。なぜ、その数値目標を達成したいのか？　ということです。〝何のためにダイエットをするのか？〟を自分と向き合って考えてみてください。

「健康になりたい」
「自分に自信をつけたい」
「周囲を見返したい」

目的、やる理由が明確になることで、人は動けます。

③ ビジョン

モチベーション切れを防ぎ、わくわくしながら日々取り組んでいくために必要なのが〝ビジョン〟です。達成したときのイメージをありありと描くのです。例えば、

「達成したときはどんな体型になっているか？」

「どんな服を着ていて、色は何色の服か？」

「誰とどこに出かけているか？」

「どんな気持ちになっているか？」

「周囲からはなんと言われているか？」

未来が描けるような質問をどんどん自分自身にしていくことで明確になります。もし自分だけで向き合っていくのが大変だと感じるようでしたら、誰か身近な人に、右記のような質問をしてもらうとよいでしょう。あなたを応援している人はたくさんいますよ！　私も、あなたのダイエットの成功を願っています！

おわりに〈本書にかける想い〉
～なぜ、私は人の健康をサポートしたいのか？～

本書を最後までお読み頂きありがとうございました。最後に、私がなぜ人の健康をサポートする仕事をしたいと思っているのか、私の想いをお伝えします。

私は子供のころから体を動かすことが好きで、少林寺拳法を習ったり、中学・高校時代はバレーボールに明け暮れるなど、アクティブな学生でした。高校では1日も休むことなく学校に通い皆勤賞をもらうほど、病気とは無縁で健康には人一倍自信がありました。

しかし転機が訪れます。10万人に1人という目の病気にかかってしまったのです。高校を卒業し受験勉強をしていたころ、急に視力が低下しました。眼鏡をかけても0・1しか見えません。遠くばかりか近くもよく見えにくいという状況になり、文字を読む速度が極端に遅くなりました。

テストは時間とのたたかい。時間内にテストを解き切ることのできなくなった私の偏差値はどんどん下がり、どんな大学にも受からないというような状況になりました。自分の未来はどうなってしまうのだろうという不安の中、追い討ちをかけるような出来事がありました。

当時、病院の眼科に通っており、その病院の方針でステロイドという薬を大量に投与するという治療を受けました。この治療で治ればよかったのですが一向に回復せず、副作用だけをもらってしまいました。その副作用が、〝太ってしまう〟というものです。顔も体も脂肪がついてしまい、人前に出るのが嫌になり半ば引きこもりのような状態になりました。

そんなとき、医師からの説明があるということで母と一緒に病院に行きました。夕方の面談室は薄暗く、夏だというのにクーラーのせいかひんやりと冷たい空間だったことを覚えています。医師は母に向かって言いました。

「あなたのお子さんの目はもう治りません」

母は泣いてしまい、私は自分の身に起こっていることが理解できずに呆然としていました。

なんで俺なんだ？　ただ普通に、健康に生活していた普通の学生だったのに、なぜこんな思いをしなければならないんだろう？　そんな思いでいっぱいでした。でもそのときに気付きました。人は、いくら自分を健康だと思っていても、病気になったり健康を崩すことがあるんだということです。

それがきっかけで、私は〝人の健康をサポートする〟仕事に興味を持ち始めました。そして母が探してきてくれた視覚に障害があっても学べる学校として筑波技術短大（現・筑波技術大学）に入り、理学療法の勉強を始め、理学療法士となりました。

現在は多くの患者さんから「矢口さんにリハビリをやってほしい」と言われることもあり、充実して仕事をしています。私は、病気は患者さんのせいでは一切ないと思っています。生活習慣病などはその人の生活が乱れていたからだととらえる人が多いです。しかし、生活が乱れるという背景にはその人がそうせざるを得なかった状況があるからです。懸命に生きていても、病気になることはあります。病気になることで希望を失わないでほしいというのが私の想いです。

しかし、できることなら病気になる前に体を大切にしてほしいと思います。健康になるためにダイエットに取り組むという姿勢が大事です。不健康なやせ方ではなく、元気で健やかに、人生を豊かにするための手段としてダイエットに取り組み充実した人生を送って頂きたいと願います。

２０２１年　矢口拓宇

【本書をご購入の方だけに特別なプレゼント！】

～購入者限定、1日5分姿勢なおしダイエット解説動画をお受け取りください～


本書をご購入頂き、ありがとうございます。

本書の内容をさらに理解を深めて実践できるよう、特典として分かりやすい〝解説動画〟をご用意しました。

本文と併せてご覧になることで、より一層確信を持ってダイエットに取り組めることでしょう！

本書をご購入の方だけの限定特典ですので、ぜひ以下よりアクセスして、お申し込みフォームに必要事項をご入力の上、特典動画をご覧ください！

動画の内容
（1）著者が姿勢なおしダイエットをはじめた理由
（2）腰痛を治しながらお腹がやせるスリム姿勢の作り方
（3）1stステージ：お腹やせストレッチ編
（4）2ndステージ：骨盤呼吸&骨盤トレーニング編
（5）3rdステージ：お腹やせスクワット、ウォーキング編
（6）自分オリジナルのカスタム5分の体操を作ろう！
※実際の運動の仕方を著者自らが実演しながら解説しています。

【購入者限定】 腰痛を治しながらお腹がやせる
1日5分姿勢なおしダイエット解説動画（23分31秒）

特典動画へのアクセスはこちらから！
➡ https://55auto.biz/theraper/touroku/kaisetsudouga.htm

本書は書き下ろしです。
デザイン　米谷テツヤ　／　DTP　中村文（tt-office）

Kadokawa Haruki Corporation

矢口拓宇　たかしまてつを

1日《にち》5分《ふん》
姿《し》勢《せい》なおしダイエット

*

2021年6月18日第一刷発行

発行者 角川春樹
発行所 株式会社 角川春樹事務所
〒102-0074 東京都千代田区九段南2-1-30 イタリア文化会館ビル
電話03-3263-5881（営業） 03-3263-5247（編集）
印刷・製本 中央精版印刷株式会社

ISBN978-4-7584-1383-1 C0077
http://www.kadokawaharuki.co.jp/